Stephan Beissel

Der heilige Bernward von Hildesheim als Künstler und Förderer der deutschen Kunst

Stephan Beissel

Der heilige Bernward von Hildesheim als Künstler und Förderer der deutschen Kunst

ISBN/EAN: 9783743353404

Hergestellt in Europa, USA, Kanada, Australien, Japan

Cover: Foto ©ninafisch / pixelio.de

Weitere Bücher finden Sie auf **www.hansebooks.com**

Tafel I

Des heil. Bernward Kreuz in der Magdalenenkirche zu Hildesheim.

Der heilige Bernward

von Hildesheim

als

Künstler und Förderer der deutschen Kunst.

Von

Stephan Beissel S. J.

Mit XI Lichtdrucktafeln und 57 Text-Illustrationen.

Hildesheim 1895.

Druck und Verlag von August Lax.

Einleitung.

Zweck dieser Arbeit ist nicht ein neues Leben des heil. Bernward. Sie will nur seine Stellung in der deutschen Kunstgeschichte beleuchten. In den letzten Jahrzehnten sind so viele Einzeluntersuchungen über die Kunstwerke dieses grossen Bischofs von Hildesheim erschienen, dass es wohl angezeigt scheint, deren Ergebnisse zusammenzufassen und in ein Bild zu vereinen. In unserem Bilde wird man jetzt schärfer, als dies vordem möglich war, die persönlichen Arbeiten Bernwards von denen seiner Künstler scheiden und das Verhältniss der Hildesheimer Arbeiten zu den Leistungen anderer Schulen bestimmen können. Von den äusseren Lebensschicksalen dieses einflussreichen Mannes ist hier nur das eingehender behandelt, was nöthig oder dienlich schien, seinen Entwickelungsgang und seine Verdienste um die christliche Kunst des XI. Jahrhunderts klarzustellen.

Inhaltsverzeichniss.

       Seite

Erstes Kapitel. Erziehung und Jugend des heil. Bernward . . . . 1— 5
  1. Gründung und älteste Geschichte Hildesheims. Thangmar, Bernwards Lehrer und Biograph. 2. Bernwards Studien und Arbeiten in den Domwerkstätten zu Hildesheim. Er wird in Mainz zum Priester geweiht. 3. Sein Aufenthalt beim Grossvater.

Zweites Kapitel. Der heil. Bernward als Erzieher Ottos III. . . . . 5—13
  1. Methode und Umfang des Unterrichts beim jungen Könige. 2. Bernward sieht am Hofe die besten Kunstarbeiten seiner Zeit und der Vergangenheit. 3. Auf zahlreichen Reisen bewundert er die Kunstschätze der deutschen Kirchen. 4. Reichthum derselben. Schatzverzeichnisse. 5. Nach Theophanus Tode bleibt Bernward Erzieher Ottos. Sein Verhältniss zur kaiserlichen Familie. 6. Gerbert wird sein Nachfolger. Der Liber mathematicalis.

Drittes Kapitel. Der heil. Bernward wird Bischof von Hildesheim . . . . 13—23
  1. Die Ernennung Bernwards zum Bischofe. Das goldene Bernwardskreuz. 2. Das Kreuz zu Heiningen. 3. Das kleine silberne Bernwardskreuz. 4. Kelche und Patenen des heil. Bernward. 5. Weihrauchfässer, Weihwasserkessel und Deckel seiner Evangelienbücher. 6. Lichterkronen, ein Marienbild und eine goldene Altartafel aus Bernwards Werkstätten. 7. Vielseitigkeit der bernwardinischen Goldschmiedekunst. Vergleich des Bernwardskreuzes mit anderen Prachtkreuzen. Verzicht auf Email.

Viertes Kapitel. Des heil. Bernward Handschriften und Malereien. . . . . . . 23—30
  Bernwards Sorge um Handschriften. Die erhaltenen bernwardinischen Bücher. 1. Die Arithmetik des Boëthius. 2—4. Drei Evangelienbücher. 5. Eine Bibel. 6. Ein Sakramentar. Guntbald, der Schreiber und Maler der unter 2—4 genannten Handschriften. 7. Eine vielleicht aus St. Gallen stammende Handschrift. 8. Wandmalereien.

Fünftes Kapitel. Des heil. Bernward Bauten. . . . . 30—34
  Errichtung zweier Festungen und der Ringmauern der Stadt Hildesheim. Musivische Arbeiten. Plan und Bau der Michaelskirche und ihrer Kapellen.

Sechstes Kapitel. Die Gussarbeiten des heil. Bernward . . . . 35—52
  1. Bernwards Reisen nach Italien und Frankreich. Ihr Einfluss auf seine Kunstthätigkeit. 2. Die Leuchter des heil. Bernward. 3. Die Krümmung eines Bischofsstabes. 4. Der Fuss eines Kreuzes. 5. Die Thürflügel des Domes. 6. Die Christussäule. 7. Die ikonographische Bedeutung der Thüren und der Säule. 8. Die angebliche Wiedereinführung des Bronzegusses durch Bernward im Anschlusse an Byzanz.

Siebentes Kapitel. Das Grab des heil. Bernward . . . . 53—57

Achtes Kapitel. Hildesheimer Kunst nach St. Bernwards Tode . . . . 57—69
  1. Fortblühen des Kunsthandwerks unter Bernwards erstem Nachfolger, dem heil. Godehard. 2. Arbeiten der Bischöfe Azelin († 1054) und Hezilo († 1079). 3. Bau von St. Godehard. Vollendung und Ausbau von St. Michael. Die Andreaskirche. 4. Die beiden grossen Schreine des heil. Epiphanius und des heil. Godehard. 5. Der Taufbrunnen und andere Gussarbeiten des Domes. 6. Die beiden Kreuze und das romanische Reliquiar der Hildesheimer Kreuzkirche. Der romanische Kelch der Godehardikirche. Der gothische Schrein des heil. Bernward. Büsten, Armreliquiare und andere Goldarbeiten. 7. Emailwerke.

Schluss . . . . 69—72
  Das X. Jahrhundert war kein finsteres. Bernward war eine seiner vielen Leuchten, eine seiner Blüthen. Seine Kunst war, unberührt vom Byzantinismus, echt national im guten Sinne des Wortes.

Verzeichniss der Tafeln.

I. Des heil. Bernward Kreuz in der Magdalenenkirche zu Hildesheim (vgl. S. 14 f.).
II. Des heil. Bernward Kreuz zu Heiningen (vgl. S. 16).
III. Kleines silbernes Kreuz des heil. Bernward im Hildesheimer Domschatz (vgl. S. 16).
IV. Des heil. Bernward Stab (vgl. S. 39).
V. Das Titelbild der Bernwardsbibel (vgl. S. 24 f.).
VI—VIII. Drei Blätter aus des heil. Bernward Sacramentar (vgl. S. 26).
IX. Die beiden Leuchter des heil. Bernward (vgl. S. 37 f.).
X. Zwei Scenen von den Thüren des heil. Bernward (vgl. S. 39 f.).
XI. Die Christussäule des heil. Bernward (vgl. S. 45 f.).

Verzeichniss der Figuren.

Fig. 1. Grundriss der alten „Domfreiheit" von Hildesheim in ihrer jetzigen Gestalt.
„ 2. Der tausendjährige Rosenstock am Hildesheimer Dome.
„ 3. Das Bernwardskreuz in der Magdalenenkirche zu Hildesheim (vgl. Tafel I).
„ 4. Das kleine silberne Bernwardskreuz (vgl. Tafel III).
„ 5. Der sogen. Kelch des heil. Bernward im Domschatze zu Hildesheim.
„ 6. Die Patene des heil. Bernward im Welfenschatz.
„ 7. Ziertitel aus dem reichen Evangelienbuche des heil. Bernward. Anfang des Matthäus-Evangeliums.
„ 8. Miniatur zum Lukas-Evangelium aus dem Evangelienbuche des heil. Bernward.
„ 9—16. Acht Miniaturen aus einer Handschrift der Beverinischen Bibliothek zu Hildesheim.
„ 17. Plan der Stadt Hildesheim aus dem XVIII. Jahrhundert.
„ 18. Die Kirche des heil. Michael zu Hildesheim im XII. Jahrhundert.
„ 19. Der Dom zu Hildesheim.
„ 20. Die Leuchter des heil. Bernward (vgl. Tafel IX).
„ 21. Die Erzthüren des Domes zu Hildesheim (vgl. Tafel X).
„ 22—26. Oberer Theil des ersten Thürflügels.
„ 27—29. Unterer Theil des ersten Thürflügels.
„ 30—32. Unterer Theil des zweiten Thürflügels.
„ 33—37. Oberer Theil des zweiten Thürflügels.
„ 38. Die Christussäule des heil. Bernward (vgl. Tafel XI).
„ 39. Ehemalige Aufstellung der Christussäule auf dem Domhofe.
„ 40. Sargdeckel des heil. Bernward.
„ 41. Musterung der Kasel des heil. Bernward.
„ 42. Die Grabplatte des heil. Bernward.
„ 43. Der Kronleuchter Hezilos im Hildesheimer Dome.
„ 44. Einzelheiten von Hezilos Kronleuchter.
„ 45. Grundriss der Kirche des heil. Godehard zu Hildesheim.
„ 46. Grundriss der Krypta von St. Michael.
„ 47. Grundriss von St. Michael zu Hildesheim um das Jahr 1200.
„ 48. Gemalte Holzdecke der Michaelskirche.
„ 49—51. Wandmalereien des Domes zu Hildesheim.
„ 52. Skizze aus den Processakten wegen Demolirung der Michaelskirche im Reformations-zeitalter.
„ 53. Grundriss der Andreaskirche zu Hildesheim.
„ 54. Unserer lieben Frauen Heiligthum.
„ 55. Der Bischofstab des heil. Bernward.
„ 56. Das Denkmal des heil. Bernward zu Hildesheim.
„ 57. Erster Entwurf zum Denkmal des heil. Bernward.

Literatur.

In dem folgenden Verzeichniss sind nur jene grösseren und kleineren Werke aufgeführt, welche für Bernwards Leben und Wirken unmittelbare Bedeutung haben. Bücher, worin der Heilige nebenbei erwähnt wird, sind nicht genannt, es fehlen also viele Weltgeschichten, Kunstgeschichten u. dgl.

Acta Sanctorum 26. Octob. (ed. nova) XI, 965 s. De s. Bernwardo, episcopo confessore Hildesiae. 4. Maj. (ed. nova) I, 506 s. De s. Godehardo, episcopo Hildesheimensi.
Ada-Handschrift. Die Trierer A.-H., bearbeitet und herausgegeben von K. Menzel, P. Corssen, H. Janitschek, A. Schnütgen, F. Hettner, K. Lamprecht. Mit 38 Tafeln. Leipzig Dürr 1889.
Allgemeine Deutsche Biographie II, 505 f. (Wattenbach, Bernward von Hildesheim.) Leipzig Duncker 1875.
Annales archéologiques par Didron ainé XXI, 358 s. Les chandeliers de Hildesheim. Paris Didron 1861.
Baudenkmäler. Die mittelalterlichen B. Niedersachsens. Hannover Rümpler 1861 f.
Beelte, Chr., Thangmar. Sein Leben und Beurtheilung seiner Vita Bernwardi. Hildesheim Lax. Ohne Jahr.
Beissel, Stephan. Die Bilder der Handschrift des Kaisers Otto im Münster zu Aachen in XXIII unveränderlichen Lichtdrucktafeln herausgegeben und mit den Bildern der Evangelienbücher von Trier, Gotha, Bremen und Hildesheim verglichen. Aachen Barth 1886.
— Des heil. Bernward Evangelienbuch im Dome zu Hildesheim. Mit Handschriften des 10. und 11. Jahrhunderts in kunstgeschichtlicher und liturgischer Hinsicht verglichen. Mit XXVI unveränderlichen Lichtdrucktafeln herausgegeben von Schrader und Koch. Hildesheim Lax 1891.
vgl. Stimmen und Manuscrit in diesem Literaturverzeichniss.
Beiträge zur Hildesheimer Geschichte I, 32. Vergleichung Bernwards und Godehards von Lüntzel.
Bertram, Adolf, Das Bernward-Denkmal in Hildesheim. Mit Lichtdruckbildern des Denkmals und seiner Reliefs. Hildesheim Lax 1893.
— Die Bernwardsgruft in Hildesheim. Ein Gedenkblatt zum Bernwards-Jubiläum 1893. Hildesheim Steffen 1893.
— Römische Vorbilder für den bildlichen Schmuck am Grabdenkmal des heil. Bernward. Hildesheim Kornacker 1894.
— Die Thüren von St. Sabina in Rom, das Vorbild der Bernwards-Thüren. Hildesheim Kornacker 1894.
Bode, Geschichte der Deutschen Plastik, S. 23 f. Berlin Grote 1887.
Brower, Christ. S. J. Sidera illustrium et sanctorum virorum. Vita s. Bernwardi autore Tangmaro. Moguntiae Albin 1616.
Bucher, B., Geschichte der technischen Künste I, 18, 120 und 205; II, 207 f.; III, 65. Stuttgart Spemann 1875 f. und Union 1893.
Buchholz, vgl. Zeitschrift des historischen Vereins.
Cahier, Ch. et A. Martin, Mélanges d'archéologie IV, 215 s. La crosse de S. Bernward d'Hildesheim. Paris Poussielgue 1856.
Contzen, Die Geschichtsschreiber der sächsischen Kaiserzeit 151 f.
Cuno, H., Die ehernen Thürflügel am Dome zu Hildesheim. Ein Werk des Bischofs St. Bernward. Hildesheim Lax 1892.
— Hildesheims Künstler und Kunsthandwerker im Mittelalter und in der Renaissance-Periode. Hildesheim Lax 1892.
Dath Leventh des hilligen vaders Bernwardi, Graven tho der Sommerschenborch. Gedruckt 1540. Eine Uebersetzung der Lebensbeschreibung Thangmars. Vgl. Lüntzel, Der heil. Bernward, S. 5 Anm., wo noch eine andere 1541 bei Jaspar van Gennep gedruckte Lebensbeschreibung erwähnt ist.
Dehio, G. und G. v. Bezold, Die kirchliche Baukunst des Abendlandes I Taf. 43 und 59, S. Michael zu Hildesheim S. 175 f. Stuttgart Cotta 1892.
Deutsche Zeitschrift für den Geschichtsunterricht VII. 1 f. Lamprecht, Das deutsche Geistesleben unter den Ottonen. 1892.
Dohme, R., Kunst und Künstler Deutschlands und der Niederlande I, 35 f.; Alwin Schultz, Der heil. Bernward, Bischof von Hildesheim. Leipzig Seemann 1877.
Düker, H., Der liber mathematicalis des heil. Bernward im Domschatze zu Hildesheim. Hildesheim Lax 1875.
Fiorillo, J. D., Geschichte der zeichnenden Künste in Deutschland und den vereinten Niederlanden I, 78 f. Hannover Hahn 1815.
Förster, E., Denkmale deutscher Bildnerei und Malerei II, 2. S. 3 f. Leipzig Weigel 1875.
Führer, Kurzer, durch den Hildesheimer Domschatz. Hildesheim Lax 1892.

Gehle, Franz, De s. Bernwardi, episcopi Hildesheimensis, vita et rebus gestis. Bonn 1866.
Gerdes, Heinr., Geschichte des deutschen Volkes und seiner Kultur zur Zeit der karolingischen und sächsischen Könige. Leipzig Duncker & Humbolt 1891.
Geschichtsschreiber der deutschen Vorzeit, in deutscher Bearbeitung, II. und III. Hüffer, Herm., Die Lebensbeschreibung der Bischöfe Bernward und Godehard von Hildesheim. Berlin Besser 1858.
Giesebrecht, W., Geschichte der deutschen Kaiserzeit. 3. Aufl. Braunschweig Schwetschke 1863.
Goerinus, A., Vita divi Bernwardi, Hildesianae civitatis antistitis, in aliquot versus elegiacos fulcita. Hildesheim 1555.
Gründliche Nachricht von dem Leben und Tode des heil. Bernward. Hildesheim 1767.
Hagen, F. v., Catalogus oder Verzeichniss der Bischöffen zu Hildesheim mit kurzem Lobe derselben. (Lateinisch und deutsch.) Hildesheim 1701.
Historisch-politische Blätter, 112. Bd. S. 705 f. Grube, Zum neunten Centenarium des heil. Bernward von Hildesheim. München 1893.
Hüffer vgl. Geschichtsschreiber.
Jahrbücher des deutschen Reiches II, 2. R. Wilmans, Otto III. Berlin Duncker 1840.
— Siegf. Hirsch und Herm. Pabst, Heinrich II. Berlin Duncker 1862—75.
Jahrbücher des Vereins von Alterthumsfreunden im Rheinlande. Heft LXXV, 76: Patene im Hildesheimer Domschatz; Heft LXXVIII, 163: Bernwards Werkstätten; Heft LXXXIV, 143: Ausgeschnittener Buchdeckel von Metall. Bonn 1883, 1884 und 1887. Citirt: Bonner Jahrbücher.
Kirchenlexicon von Wetzer und Welte, II, 454 f. Grube, Der heil. Bernward von Hildesheim. Freiburg Herder 1883; V, 90 f. Der Gandersheimer Streit.
Koch, F., vgl. Führer.
Krätz, Joh. Mich., Der Dom zu Hildesheim. (Von I. sind nur die Tafeln gedruckt, aber nicht erschienen.) II. Seine Kostbarkeiten, Kunstschätze und sonstigen Merkwürdigkeiten. Mit 47 Abbildungen. III. Der Dom zu Hildesheim, seine beiden ausgezeichneten Bischöfe St. Bernward und St. Godehard. Mit 6 Abbildungen. Hildesheim Gerstenberg 1840.
— Wozu dienten die Doppelchöre in den alten Kathedral-, Stifts- und Klosterkirchen? Lösung der Frage. Hildesheim 1876.
Kunstchronik vgl. Zeitschrift für bildende Kunst.
Labarte, Histoire des arts industriels au moyen age et à l'époque de la renaissance I, 145 s.; II, 182 s.; III, 130 s. et 281. Paris Morel 1864.
Lauensteln, Historia diplom. episcoporum Hildens. d. i. Diplomatische Historie des Fürstenthums Hildesheim. Hildesheim 1740.
— Hildesheimsche Kirchen- und Reformationshistorie. 12 Theile. Hildesheim-Braunschweig 1734—1736.
Leibnitius, Scriptores rerum Brunsvicensium, I, 441 s. Thangmar, Vita Bernwardi. Narratio de canonisatione et translatione s. Bernwardi p. 469 s. cfr. I pag. XXXII s. et II Introductio p. 18.
Lüntzel, H. A., Die ältere Diöcese Hildesheim. Hildesheim 1837.
— Der heil. Bernward, Bischof von Hildesheim. Hildesheim Gerstenberg 1856.
— Geschichte der Diöcese und Stadt Hildesheim. Hildesheim Gerstenberg 1857.
Mabillon, Acta SS. ordinis sancti Benedicti VI, 1 p. 201, 771 (2. ed. 179 s.) Vita s. Bernwardi.
— Annales ordinis s. Benedicti. Lutetiae Parisiorum 1705 s.
Mannscrit. Le M., Revue spéciale. Première année. Beissel, Le sacramentaire de Hildesheim p. 99 s. Paris 1894.
Mithoff, H. Wilh. H., Kunstdenkmale und Alterthümer im Hannoverschen. III. Fürstenthum Hildesheim. Hannover Helwing 1875.
— Mittelalterliche Künstler und Werkmeister Niedersachsens und Westfalens. Hannover Helwing 1866.
— Archiv für Niedersachsens Kunstgeschichte. Hannover Culemann 1849 f.
Mittheilungen des k. k. österr. Museums für Kunst und Industrie. Neumann, St. Bernwardus von Hildesheim in seiner Zeit. Neue Folge. V. Jahrg. N 52 f. S. 73 f. Wien 1890.
Mittheilungen der k. k. Central-Commission zur Erforschung und Erhaltung der Baudenkmale. IV, 47 und V. 311: Ueber St. Bernwards Kirchen; VII, 36 f.: Springer, Die Künstlermönche des Mittelalters.
Moecker, Ant., Hyldesia Saxoniae. Francofurt. 1573.
Molinier, Dictionnaire des émailleurs. 1885 p. 12.
Monumenta Germaniae, Scriptores: Annales Hildeshemenses III, 22 s.; Vita s. Bernwardi, episcopi Hildesheimensis, auctore Thangmaro IV, 754 s.; Chronicon Hildesheimense VII, 845 s.; Woltherii continuatio vitae s. Bernwardi et Vitae s. Godehardi XI, 182 s.
Neumann, W. A., Der Reliquienschatz des Hauses Braunschweig-Lüneburg. Wien Hölder 1891. Vgl. Mittheilungen.
Organ für christliche Kunst XI, 243 f. Eine Holzsculptur des heil. Bernwards (in Braunschweig). Köln, Du Mont-Schauberg 1861. Vgl. IX, 183.
Otte, Heinr., Handbuch der kirchlichen Kunst-Archäologie des deutschen Mittelalters. 5. Aufl. Leipzig Weigel 1883.
Reutelii, Jac., Hildeshemia in episcopis suis repraesentata. 1573.
Revue de France XIV, 804 s. Duranty, Bernward, évêque de Hildesheim et l'église artistique au moyen-âge. 1875.
Revue de l'art chrétien XXXII année, N. S. VII, 320 s. Excursion de la Gilde de St. Thomas et de St. Luc dans le Nord de l'Allemagne. Hildesheim. Lille Desclée 1889.
Roemer, Th. H., Der Gipsfussboden im Dome zu Hildesheim, ein niellaartiges Bildwerk aus dem XI. Jahrhundert. Hildesheim Gerstenberg 1886.

Schlüters, Pet., Geschichte der Bischöfe zu Hildesheim. Hildesheim 1778.
Schnaase, Carl, Geschichte der bildenden Künste. 2. Aufl. IV. Düsseldorf Buddeus 1871.
Schrader, G., Der tausendjährige Rosenstock am Dome zu Hildesheim. Hildesheim Borgmeyer 1884.
Schultz vgl. Dohme.
Sievers, St. Bernwardus-Buch. Hildesheim Kornacker 1894. Vgl. Studien.
Sommerwerck gen. **Jacobi**, Bischof von Hildesheim, Der heil. Bernward von Hildesheim als Bischof, Fürst und Künstler. Mit einem Lichtdruckbilde der Bernwardsthüren. Hildesheim Borgmeyer 1885. Zweite Auflage in demselben Jahre.
— Das Kreuz des heil. Bernward. Ein Gedenkblatt zum Jubiläumsjahre 1893. Hildesheim Kornacker 1893.
Specht, Fr. A., Geschichte des Unterrichtswesens in Deutschland von den ältesten Zeiten bis zur Mitte des dreizehnten Jahrhunderts. Stuttgart Cotta 1885.
Springer, A., Bilder aus der neueren Kunstgeschichte. 2. Aufl. Bonn Marcus 1886. Vgl. Mittheilungen.
Stimmen aus Maria-Laach, XXVIII S. 131 f. Die Kunstthätigkeit des heil. Bernward von Hildesheim. Freiburg i. B. Herder 1885.
Stolten, ord. S. Bened., Historischer Bericht von der Stiftung des Klosters St. Michaelis in Hildesheim. 1733.
Studien und Mittheilungen aus dem Benedictiner- und dem Cistercienser-Orden. XIV, 398 f. Sievers, Bernh., Der heil. Bernward von Hildesheim als Bischof, Künstler und Sohn des heil. Benedict. Brünn Raigerner Benedictiner-Buchdruckerei 1893.
Surius, Vita sanctorum XI, 460 s. Vita s. Bernwardi.
Thangmar vgl. Beelte, Geschichtsschreiber, Leibnitz, Monumenta Germaniae und Wattenbach.
Theophilus, presbyter, Schedula diversarum artium. Herausgegeben und übersetzt von A. Ilg. Quellenschriften für Kunstgeschichte und Kunsttechnik des Mittelalters und der Renaissance. VII. Wien Braumüller 1874.
Ueber Land und Meer. Die Bernwards-Denkmäler zu Hildesheim. Oktavausgabe 1886. XII, S. 1538 f.
Wattenbach, W., Deutschlands Geschichtsquellen im Mittelalter. 5. Aufl. I, 324 f. Berlin Hertz 1885.
Wiecker, Die Christus- oder Bernwardssäule auf dem grossen Domhofe zu Hildesheim. Mit 4 Tafeln. Hildesheim Lax.
Zeitschrift des historischen Vereins für Niedersachsen. 1857 S. 191 f. Buchholz, Welcher Veranlassung dankt Bischof Bernward von Hildesheim seinen Namen?
Zeitschrift für bildende Kunst. Mit dem Beiblatte Kunstchronik. II, 305 und III, 227 Ueber mittelalterliche Künstler aus dem geistlichen Stande. Ueber St. Bernwards Leuchter: Kunstgewerbeblatt N. F. 1893. IV, 203 f. vgl. III, 20.
Zeitschrift für katholische Theologie I, 595 f. Kobler, Lichtpunkte im Dunkel des 10. Jahrhunderts. Innsbruck 1877.

Erstes Kapitel.
Erziehung und Jugend des heil. Bernward.

1. Der sächsische Annalist erzählt, Karl der Grosse habe in Elze eine Kirche erbaut und ein Bisthum errichten wollen. Einst sei nun sein Sohn Ludwig der Fromme zur Jagd ausgezogen und bis an den Ort gekommen, wo jetzt der Hildesheimer Dom steht. Er erstieg den ringsum von Bächen und Sümpfen umgebenen Hügel und liess bei einer frischen Quelle, neben der ein Rosenstrauch blühte, sein Zelt aufschlagen. Der Hofkaplan errichtete einen Altar, hängte hinter ihm in jenen Rosenstrauch eine mit Reliquien der Gottesmutter gefüllte Kapsel und las die heil. Messe. Nach Elze heimgekehrt, sah der Kaplan, dass er die Reliquien vergessen habe. Er eilte zurück, konnte sie aber nicht mehr vom Baume lösen. Darin habe der Kaiser eine Mahnung des Himmels erkannt, an dieser Stelle eine Kirche zu erbauen und das Bisthum von Elze dorthin zu verlegen.[1]) Die anmuthige Erzählung des XII. Jahrhunderts wird heute fast allgemein als sagenhafte Ausschmückung eines geschichtlichen Kerns angesehen. Wahrscheinlich gefiel Hildesheim wegen der geschützten Lage dem Kaiser besser als Elze. Vielleicht bezeichnete er die Stelle der Maria zu widmenden Domkirche dadurch, dass er ein Reliquiar an einem neben einer Quelle wachsenden Rosenstock aufhängte. Jedenfalls hat man in Hildesheim seit unvordenklichen Zeiten den noch jetzt hinter dem Chore der Kathedrale blühenden Rosenstock (Fig. 2, folg. Seite) und eine silberne Reliquienkapsel mit der Gründung in so enge Beziehung gebracht, dass irgend ein geschichtliches Ereigniss dies veranlasst haben

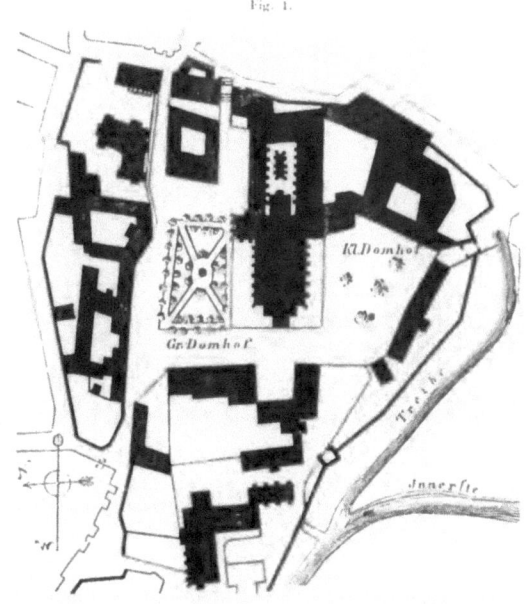

Fig. 1.

Grundriss der alten „Domfreiheit" von Hildesheim in ihrer jetzigen Gestalt.

---

[1]) Mon. Germ. VI, 570 s. Vgl. Simson, Jahrb. 284 f.; Schrader, Rosenstock 14 f.; Krätz, Dom II, 3 f. Eine Parallele zum tausendjährigen Rosenstock am Chor des Hildesheimer Domes bietet die acht- bis neunhundert Jahre alte Eiche an der Kirchhofskapelle zu Allouville-Bellefosse in Frankreich. Vgl. Clochet, La Seine inférieure historique et archéologique. 2. Ed. Paris, Derache 1866, pag. 424.

muss. Wir dürfen den Kern der Sage um so mehr festhalten, weil einerseits der sächsische Annalist ein ernster Schriftsteller war und die besten Quellen benutzte,[1] andererseits jenes Reliquiar den Zeiten Ludwigs d. Fr. entspricht. Seine 0,15 m lange und 0,052 m breite Grundfläche ist elliptisch, sein Durchschnitt ist fast derjenige einer 0,092 m hohen, an beiden Seiten stark abgeplatteten Halbkugel. In die Fläche der silbernen und vergoldeten Halbkugel sind rankenartige Verzierungen eingedrückt. Ueber ihren Kamm läuft die Inschrift:
Corpora sanctorum in pace sepulta sunt.
Ihre eckigen C und E, besonders das „in irischen Handschriften vorzüglich beliebte", aus drei geraden Linien gebildete S[2]) zeugen für das IX. Jahrhundert.

Fig. 2.

Der tausendjährige Rosenstock am Hildesheimer Dome.

Erst unter Bischof Ebo († c. 851) gelangte Ludwigs Stiftung zu einiger Blüthe. Der Genannte hatte 835 durch den Richterspruch der Synode von Diedenhofen sein Erzbisthum Rheims verloren und wurde nach Fulda verbannt. Später erlangte er den Bischofstuhl von Hildesheim[3]) und organisirte seine neue Diözese nach dem Vorbilde von Rheims.[4]) Er begann, ein Kapitel zu sammeln, es zu ordnen, ihm Wohnungen und Diener zu verschaffen. In dieser Wildniss, fern von anderen grösseren Culturstätten, war alles neu zu gründen. So entstanden Werkstätten,[5]) für deren Betrieb vielleicht Arbeiter aus Metz kamen. Durch solche Vorarbeiten setzte Ebo seinen Nachfolger Altfried in den Stand, den Bau einer steinernen Kirche zu beginnen, denn das von Ludwig errichtete Gotteshaus war wohl nur ein hölzerner Nothbau. Bald konnte er die Krypta weihen; das Ganze war 872 vollendet. Wie gross schon unter Altfried das Ansehen und der Einfluss Hildesheims war, erhellt aus den drei von ihm unternommenen Klosterstiftungen zu Saleghenstad (Osterwick?), Essen und Gandersheim. In der von ihm „begonnenen, vollendeten und

---

[1]) Wattenbach, Geschichtsquellen II, 228 f.
[2]) Wattenbach, Anleitung zur lateinischen Palaeographie. 4. Aufl. Leipzig, Hirzel 1886. S. 59. Die gleichen Buchstaben fand Krätz in dem aus dem Besitz des Senators Culemann ins Kerstner Museum gekommenen Codex der Abtei Werden: Epistole beati Pauli, nach der Ueberlieferung geschrieben von Hildegrin, Bruder des heil. Ludgerus und Bischof von Halberstadt. Schrader a. a. O. 35. Ein doppelter Reif mit Filigran, worin sich Brustbilder von Engeln und Thiere finden und eine weitere Inschrift dürften um 1275 hinzugefügt worden sein. Damals stellte Bischof Otto I. den ersten Ablassbrief aus für alle Gläubigen, welche der Procession beiwohnten, worin dieses Reliquiar getragen ward. Der spätgothische Fuss könnte in Folge eines 1451 von Nikolaus von Cusa bewilligten ähnlichen Ablasses entstanden sein.
[3]) Simson a. a. O. 133 f.
[4]) In dem Verzeichniss der Gebetsverbrüderungen des Hildesheimer Kapitels steht vor allen anderen Kirchen: Remensis ecclesia, quae mater fuit Hildeneshemensis ecclesiae in canonica institutione. Mon. Germ. VII, 848. Vgl. Ebner, Die klösterlichen Gebetsverbrüderungen. Regensburg, Pustet 1890, S. 46. Anm. 3. Ueber Ebo's Evangeliar vgl. Ada-Handschrift, S. 93.
[5]) Charakteristisch ist in dieser Hinsicht ein Zeugniss des Chronicon Halberstadiense über Bischof Sigismund von Halberstadt († 923): Quidquid sibi suisque necessarium fuit pingendo, scribendo, laborando manibus sit lucratus. Es war offenbar billiger und vernünftiger, selbst Werkstätten anzulegen, als in einem noch halbbarbarischen Lande, wo Wege und Brücken fehlten, das Nöthige von auswärts zu beziehen.

geweihten Kirche" von Essen fand er 874 seine letzte Ruhestätte. Heute sind von seinem dortigen Bau nur einige Reste erhalten: ein Theil der mit Nischen gezierten Langwände. Sie genügen aber, um auf einen hoch gebildeten Bauherrn zu schliessen.[1]

Der zweite Nachfolger Altfrieds, Wicbert († 903) schrieb eine ganze Bibel (bibliothecam), welche noch am Ende des XI. Jahrhunderts im Hildesheimer Dom ruhte.[2] Der folgende Bischof Sehard († 928) bekleidete den Kreuzaltar und den Ambo mit silbernen Platten. Sein Nachfolger Thiethard († 954) liess für den Hochaltar eine goldene, mit Edelsteinen und Gemmen besetzte Tafel anfertigen. Othwin aber († 984) sammelte Gold und Edelsteine zur Herstellung eines grossen Prachtkelches, den späterhin der heil. Bernward vollendete. Wichtiger war, dass er dem Stifte eine grosse Menge theologischer und philosophischer Handschriften verschafte und das Studium derselben mit grossem Erfolg empfahl.[3] Die Annahme, er habe alle diese Bücher, oder wenigstens die meisten, mit den Reliquien des heil. Epiphanius aus Italien gebracht, ist unerweisbar, ja unwahrscheinlich; denn er war vor seiner Erhebung auf den Hildesheimer Stuhl (954) der zweite Abt des damals hoch angesehenen Benediktinerklosters zu Magdeburg gewesen, und seinen Vorgänger Anno hatte Kaiser Otto mit andern Mönchen bei Stiftung des Magdeburger Klosters aus der blühenden Abtei des heil. Maximin bei Trier berufen.[4] Othwin hatte also genug Beziehungen zu deutschen Bibliotheken und Schreibschulen, um auch aus ihnen Bücher zu beziehen. Durch ihn hob sich die Hildesheimer Klosterschule zu solchem Glanze, dass selbst hervorragende, nicht der Diözese angehörende Familien derselben ihre Söhne zur Erziehung anvertrauten. Der Graf von Utrecht, ein Verwandter der Ottonen, sandte seinen Sohn Meinwerk, der später Bischof von Paderborn wurde,[5] der Herzog von Baiern schickte seinen Sohn Heinrich, der als Heinrich II. die Krone der deutschen Könige und Kaiser trug, Athelbero, Pfalzgraf von Sachsen, seinen Enkel Bernward. Auch Benno, Bischof von Meissen, und Bischof Eckehard von Schleswig waren in Hildesheim erzogen worden.

Zum Ruhme der Hildesheimer Schule trug ein Mann besonders bei, den Wolfher, der Biograph des heil. Godehard, als verdienten Lehrer und Erzieher rühmt.[6] Er hiess Thangmar, war Scholastikus, Bibliothekar und Notar des Hildesheimer Kapitels, späterhin als Greis dessen Dekan. Als solcher schrieb er die Biographie seines Schülers, Freundes und Bischofs Bernward. Sie ist eines der hervorragenden Werke jener Zeit, voll begeisterten Lobes, aber durchaus glaubwürdig.

2. Für Bernwards Erziehung ist jene Stelle bezeichnend, in welcher Thangmar berichtet, wie er den Unterricht des heranwachsenden Knaben gefördert habe:

„Ich nahm ihn auch zuweilen mit mir, wenn ich in Geschäften des Herrn Bischofs das Domkloster verliess. Häufig brachten wir den ganzen Tag, während wir ritten, mit wissenschaftlichen Uebungen zu, indem wir bald eine nicht weniger umfangreiche Lection lasen, als wenn wir in der Schule dazu Musse hätten, bald dichtend uns am Versmass vergnügten, dann wieder unsere Uebung in die Palästra der Prosa versetzten, zuweilen einfach den Inhalt des Gelesenen erörterten und häufig mit künstlichen Vernunftschlüssen uns abmühten."

Wir haben hier die drei Fächer des Trivium: die Grammatik mit der zu ihr gehörenden Metrik, die Rhetorik und die Dialektik,[7] aber in freier Lehrmethode, die

---

[1] Mon. Germ. SS. VII, 851 n. 4; Bonner Jahrbücher 82 S. 107 f.; und 93 S. 91 f. Clemen, Die Kunstdenkmäler der Rheinprovinz II, 3 S. 17; Historisch-politische Blätter 94 S. 342 f.
[2] Mon. Germ. SS. VII, 851 c. 6.
[3] Mon. Germ. SS. VII, 852 c. 10 und IV, 249, Translatio s. Epiphanii c. 2.
[4] Annales Magdeburgensis, Mon. Germ. SS. XVI, 143 s.
[5] Vita Meinwerci episcopi, Mon. Germ. SS. XI, 108.
[6] Vita prior s. Godehardi, Mon. Germ. XI, 182. Vgl. über Thangmar Wattenbach, Geschichtsquellen I, 324 f. Hüffer und besonders Beelte. Vielleicht war die in der Visio 5. Othloni gerügte Kleiderpracht der Hildesheimer Kanoniker und Schüler, die in Folge himmlischer Mahnung und Strafe abgestellt wurde, eine Folge der Blüthe der Schule. Die vornehmen Schüler werden durch ihre Tracht die übrigen zum Luxus angereizt haben. Mon. Germ. SS. XI, 378 s.
[7] Pecht 343 f., vgl. 125.

unserem an die Schulstube mit ihrer Schablone gewöhnten Geiste auffällt. Zu ihr passt der Bericht, dass Bernward Zeit fand, neben den Wissenschaften die technischen Künste zu erlernen. „Fast keine Stunde, nicht einmal die der Erholung, konnte ihn der Unthätigkeit beschuldigen, und obgleich sein Geist von lebhaftem Feuer für jede höhere Wissenschaft entzündet war, verwandte er nichtsdestoweniger doch auch Fleiss auf die leichteren Künste, welche wir die mechanischen nennen. Im Schreiben glänzte er besonders hervor, die Malerei übte er mit Feinheit; er war ausgezeichnet in der Kunst, Metalle zu bearbeiten, edle Steine zu fassen (ars clusoria) und in jeglicher Herrichtung, was auch später durch viele prächtige Gebäude, die er aufführte, zu Tage kam."

Aus diesen Sätzen des Thangmar ergeben sich zwei wichtige Thatsachen, welche für die folgenden Untersuchungen von grundlegender Bedeutung sind, aber in den kunstgeschichtlichen Werken nicht gehörig gewürdigt wurden. Erstens hat nach dem Wortlaute des glaubwürdigsten Berichterstatters Bernward in seiner Jugend sich in's Kunsthandwerk technisch eingelebt und eingeübt, also eine Lehrlingszeit durchgemacht; zweitens ist es klar, dass alle jene Künste, von denen Thangmar in der obigen Stelle redet, in Hildesheim betrieben wurden, und dass schon vor Bernwards Zeiten in den Domwerkstätten, welche mehr oder weniger denen der damaligen Benediktinerklöster geglichen haben, geschickte Schreiber, Miniaturmaler, Erzgiesser und Goldarbeiter wirkten, von denen Bernward unterrichtet wurde.

Hätte er jene Werkstätten eingerichtet, die er später als Bischof täglich besuchte, dann würde Thangmar dies Verdienst nicht verschwiegen haben. Sie bestanden also vor seiner Erwählung, ja aus Thangmars Bericht erhellt, dass Bernward in ihnen seine erste technisch-künstlerische Ausbildung erhielt. In ihnen sind wohl die Altartafeln aus edlem Metall entstanden, welche die Bischöfe Sehard und Thiethard anfertigen liessen. Ist dies der Fall, besass Hildesheim im IX. Jahrhundert Stätten für die Uebung des Kunstgewerbes, dann ging Bernwards Kunstthätigkeit in seiner bischöflichen Stadt nicht auf wie ein Meteor, sondern bildete nur einen hervorragenden Ring in der Kette der Kunst seiner Diözese und seines Sachsenlandes. Wir müssen diese Sätze schon hier klar und entschieden aussprechen, ihre Begründung wird sich aus den in der Folge beizubringenden Thatsachen ergeben.

Als die Zeit kam, wo Bernward die theologischen Studien beginnen sollte, rieth sein Grossvater ihm, nach Mainz zu gehen, wo er ihn seinem Freunde, dem berühmten Willigis, empfehlen wolle. Der Jüngling nahm das Anerbieten an, und die Empfehlung des einflussreichen Athelbero eröffnete ihm den Zugang in's Haus des Erzkanzlers des deutschen Reiches, dessen Vertrauen er bald gewonnen hatte. Willigis ertheilte ihm die höheren Weihen, nachdem er sich, wie Thangmar sagt, „durch die Strenge seiner Sitten und die Rechtschaffenheit seines Lebens von seinen Fortschritten im geistlichen Leben überzeugt hatte."

Der Dombau, welchen der Erzbischof im Jahre 978 begann, bot Bernward erwünschte Gelegenheit, im „goldenen" Mainz seine technischen Kenntnisse zu erweitern, sich in der Baukunst zu unterrichten und so seine spätere Kunstthätigkeit auch nach dieser Hinsicht vorzubereiten.

3. „Als er dann zu seinem Grossvater zurückkehrte, wurde er auf's Zärtlichste von ihm aufgenommen und inständig gebeten, nicht von ihm wegzugehen. Er diente also dem Greise mit solcher Unterwürfigkeit und Ausdauer, dass er, wenn die Andern zu ihrer Erholung sich zeitweilig entfernten, Tag und Nacht unablässig, unermüdet ihm zur Seite blieb, das Benehmen des kranken, altersschwachen Greises auf's Geduldigste ertrug und zwischen ihm und der Familie als Vermittler diente. Zwischen dem Vater und dem Sohne, nämlich dem Herrn Bischof Volkmar, eilte er als Botschafter häufig hin und her und wurde durch das Vertrauen Beider hoch-begünstigt. Denn er gefiel dem Bischof so sehr, dass dieser ihn an seiner Statt dem Kloster zu Deventer vorsetzen wollte, und es entstand

zwischen dem Bischof und dem Grafen über den hochbegabten Jüngling ein frommer Streit, da jeder ihn um seines Benehmens willen wie einen Sohn bei sich zu haben wünschte. Er aber wollte lieber der Schwäche des gebrechlichen Grossvaters eine Stütze sein, als bei dem Bischofe für sich sorgen, und hielt bis zu dessen Sterbetag in treuer Ergebenheit bei ihm aus."

Der Verzicht auf die ehrenvolle Ernennung, um dem alten Grossvater bis zum Tode beizustehen, ist ein liebenswürdiger Zug im Leben Bernwards, in welchem überhaupt der Einfluss einer frommen Mutter, die wohl als Wittwe die erste Erziehung des Kindes geleitet und die Eigenschaften seines Herzens entwickelt hatte, immer wieder hervorleuchtet.

Die ganze Familie war von echt christlichem Geiste beherrscht und zählte viele Mitglieder des geistlichen Standes. Der Bruder der Mutter war der genannte Bischof Volkmar von Utrecht († 990); eine ihrer Schwestern, Rothegardis, starb als Aebtissin von Hildewardshausen; eine ihrer Töchter, Judith, wurde Aebtissin von Ringelheim. Auch Erzbischof Erkanbald von Mainz († 1021), Abt Benno, der als Bischof von Meissen starb, Graf Altmann von Oelsburg, der zwei Klöster gründete, und seine Tochter Frederun, die in einem derselben den Schleier nahm, waren ihre Blutsverwandten.

Muss der Künstler ein Mann sein, in dem sich Herz und Verstand, Liebe und Begeisterung für die edleren Ziele der Menschheit harmonisch zusammenfinden, dann war Bernward von Haus aus ein geborener Künstler. Er musste sich unter den günstigen Verhältnissen, die sein Talent weckten und ihn zur Kunstpflege aufriefen, zu einer hervorragenden Erscheinung entwickeln.

Der Tod des Grossvaters gab dem jungen Priester die Freiheit. Die Vorsehung brachte ihm zum Lohne für seine kindliche Liebe einen glänzenden Ruf zur alten karolingischen Pfalz von Nymwegen, wo Theophanu, die Wittwe Ottos II., die Reichsregierung leitete.

Zweites Kapitel.

Der heil. Bernward als Erzieher Ottos III.

1. Theophanu ist eine der merkwürdigsten Erscheinungen in der mittelalterlichen Geschichte. Während ihr Bruder das byzantinische Reich regierte, lenkte sie das abendländische. Erst 972 war sie in Italien gelandet und mit Otto II. vermählt worden, bereits 983 war sie Wittwe, Vormünderin Ottos III. und Reichsverweserin. Ihr Sohn war freilich schon in Aachen zum König gekrönt worden, aber er zählte erst vier Jahre. Natürlich bedurfte die kaum dreissig Jahre alte Kaiserin kräftiger deutscher Männer als Stütze und Rathgeber. Keiner stand ihr mit mehr Treue und Uneigennützigkeit zur Seite als Erzbischof Willigis von Mainz. Als darum 987 oder 988 Johannes, der bisherige Erzieher Ottos III., den Hof verliess, um Bischof von Piacenza zu werden,[1] empfahl Willigis den von ihm zum Priester geweihten Enkel seines Freundes, des sächsischen Pfalzgrafen Athelbero, als Nachfolger. Der König war sieben Jahre alt, als Bernward zu ihm kam. So geweckt er aber auch sein mochte, seine Jugend machte gründlichere Studien unmöglich. Vielleicht hatte er bereits bei seiner Mutter und beim Calabreser Johannes, deren Muttersprache das Griechische war, diese Sprache erlernt. Bernward wird ihn dann in die lateinische Literatur eingeführt und seinen Charakter gebildet haben. Wegen der zahlreichen Besuche und Reisen blieb jedoch nicht eben viel Zeit zum gründlichen Lernen übrig. So musste Bern-

[1] Giesebrecht, Geschichte der deutschen Kaiserzeit. 3. Aufl. I. 670 und 840.

ward den jungen König oft während eines langen Rittes so gut als es eben ging, heranbilden, wie Thangmar es mit ihm selbst gemacht hatte.

2. Es liegt auf der Hand, wie wichtig der Aufenthalt am Kaiserhofe für die künstlerische Entwickelung Bernwards sein musste. Plötzlich war er in ein wichtiges Centrum der abendländischen Kultur gestellt. In den verschiedenen alten Pfalzen, worin er weilte, besonders in Nymwegen, Aachen, Frankfurt und Ingelheim, war noch Vieles erhalten aus den glorreichen Tagen des grossen Karl. Der Schatz des sächsischen Hauses enthielt zahlreiche von Heinrich I., Otto I. und II., sowie von ihren Vorfahren ererbte Kostbarkeiten. Fast sämmtliche Fürsten, Bischöfe, Aebte und Grosse erschienen mit immer neuen Geschenken am Hofe. So waren z. B. beim Reichstage zu Quedlinburg 991 der Markgraf Hugo von Tuscien und der slavische Herzog Misiko mit den ersten Männern Europas herbeigeeilt. Alle brachten die kostbarsten Kleinodien, die sie besassen, dem Kaiser als Ehrengeschenke. Misiko und viele andere dieser Herren kehrten mit entsprechenden Gegengeschenken in ihre Heimath zurück.[1])

Die weltlichen Fürsten brachten Kleinodien aus edlen Metallen, kostbare Kleiderstoffe, seltene Thiere u. s. w., die Bischöfe und Aebte ausserdem prachtvolle mit Bildern geschmückte Handschriften.[2]) Die Zahl der in jedem Jahre einlaufenden und vergebenen Sachen muss eine sehr grosse, ihre Art sehr verschieden gewesen sein. Darum sah Bernward in den sechs Jahren, während deren er bei Theophanu und bei Otto weilte, die besten Erzeugnisse des Kunsthandwerks, welche Deutschland, das byzantinische Reich wie die an das deutsche Reich grenzenden Provinzen hervorbrachten. Der Kaiserhof bot damals in einer Hinsicht das, was heute eine Kunstausstellung zeigt. Ein aufmerksamer Beobachter hatte zweifelsohne überreiche Gelegenheit, seinen Gesichtskreis zu erweitern.

Thangmar sagt ausdrücklich, Bernward „verstand auch an überseeischen und schottischen Gefässen, die der königlichen Majestät als besondere Gaben dargebracht wurden, das, was er selten und ausgezeichnet fand, zu nutzen und nachzuahmen". Man hat unter den „überseeischen" Gefässen irische verstehen wollen; da sie aber in Gegensatz zu den schottischen gestellt sind, wird man sie eher als byzantinische oder noch besser als orientalische Kunstwerke erklären. Dann ist der Einfluss von Byzanz auf das vernünftige Mass zurückgeführt und nur zugestanden, dass der kunstliebende Oberhirt auch morgenländische Meisterwerke kannte und nach Kräften benutzte. Seine Kunstthätigkeit gewinnt dadurch an Originalität, indem sie durch vielseitiges Sehen und Nachdenken sich emporarbeitete, ohne zu sklavischer Nachformung sich zu erniedrigen. Bernwards Rath ist ohne Zweifel von Einfluss gewesen bei Auswahl der reichen Geschenke, welche Mutter und Sohn mit freigebiger Hand an die Kirchen und Abteien ihres weiten Reiches und an die weltlichen Fürsten versandten, z. B. bei Herstellung der im Innern reich gemalten und mit Prachtbänden versehenen Handschriften, welche sie nach Magdeburg und vielleicht nach Echternach schenkten, und die zur Zeit entstanden, als er bei ihnen verweilte.

3. Mit Otto und Theophanu wandelte er durch die weiten Hallen des Schlosses, dessen Decke auf marmornen Kapitälen ruhte, die aus antiken Denkmälern entnommen waren, und deren vereinzelte Reste heute zwischen den Trümmern des Nymweger Valkhofes liegen, um an ruhmvolle Zeiten zu erinnern. Von den hoch über der Waal liegenden Mauern sahen sie herüber nach Elten, wo die Römer eine Burgfeste gebaut hatten, in deren Umkreis später eine Abtei sich erhob, deren alterthümlicher Thurm in seinen wuchtigen Formen kaum seines Gleichen am Rheine findet, und weiter in die Gefilde von Emmerich, wo schon der heil. Willibrord eine Kirche erbaut und mit einem goldenen Reliquiare geziert hatte, das dort noch heute, leider entstellt und zerdrückt, als das älteste der Rheinlande gezeigt wird.

---

[1]) Annales Quedlinburgenses, Mon. Germ. SS. III, 68.
[2]) Stimmen aus Maria-Laach XXXVIII, 324 f.

Rheinaufwärts führte der Weg in wenigen Stunden zur Stadt, neben welcher die Königsburg des hürnernen Siegfried gestanden haben soll und aus deren Römerbauten vielleicht manche Reste stammten, welche jetzt die niederländische Pfalz zierten. Dann kamen sie nach Essen, wo Verwandte des ottonischen Hauses in der Abtei Gott dienten und ihre Frömmigkeit durch weltberühmte Geschenke bethätigten. Köln hat Bernward mit seinem Zögling oft besucht; denn in seinen Mauern hatte Bruno, der Bruder Ottos I., bis zum Jahre 965 auf dem bischöflichen Throne gesessen; da blühte das Kloster St. Pantaleon, das, von Theophanu besonders begünstigt, ihre sterbliche Hülle aufnehmen sollte, und dessen Prior Bernward später nach Hildesheim berief. Rheinabwärts ging's rasch und leicht nach Utrecht, zu Bernwards Onkel Volkmar, in die Grafschaft Holland, deren Herren dem ottonischen Hause in besonderer Weise zugethan waren, und in die Abtei Egmont, deren Mönche mit stolzer Freude ihre Schätze zeigten. Weitere Ausflüge fast durch ganz Deutschland brachten die Reisen Ottos III., den Bernward begleitete.

Wo immer sie bei den Thoren eines grossen Stiftes oder Klosters anlangten, trat ihnen nach alter Sitte[1]) die ganze Gemeinde entgegen mit den besten Schätzen ihres Gotteshauses. Zuerst kamen oft in fünf Reihen je drei Kleriker. In der ersten trug einer ein **Weihwassergefäss** zwischen zwei **Kreuzen**, in der zweiten erschien ein **Kreuz** zwischen **Weihrauchfässern**, in den drei letzten je ein **Evangelienbuch** zwischen zwei **Leuchterträgern**. Die Kreuze, Bücher, Wassergefässe, Rauchfässer und Leuchter der Kathedralen und Abteien waren auf das Kostbarste verziert. Sie waren neben Kelchen und Reliquienbehältern die Gegenstände, womit die Kunst jener Tage, auch die des heil. Bernward, sich am liebsten beschäftigte. Hatte die Procession den König erreicht, so trat der Abt oder Bischof vor, reichte ihm Weihwasser, liess ihn das Evangelienbuch küssen und incensirte ihn. Unter Gesang führte man dann den Herrscher in die Kirche ein. Rührend ist der Bericht über die „süssen Melodien und Lobgesänge", womit 984 die Kaiserin Theophanu, der jugendliche Otto III. und die Aebtissin Mathilde, Ottos III. ältere Schwester, vom Klerus, vom Volke und von den Klosterfrauen begrüsst wurden, als sie nach langer und banger Abwesenheit zum ersten Male nach dem Tode Ottos II. endlich wiederum bei Quedlinburg anlangten. Bis vor die Stadt war man ihnen processionsweise entgegengezogen. In frommen Triumphgesängen führte man sie auf den Berg, auf dem Mechtild, die Gemahlin Heinrichs I., das kaiserliche Kloster gegründet hatte.[2])

In Aachen sind noch aus ottonischer Zeit ein Weihwasserkessel, eine in Gold gebundene, reich mit Miniaturen ausgestattete Evangelienhandschrift und ein Kreuz erhalten, mit denen das dortige Kapitel seit neunhundert Jahren so viele Könige und Kaiser empfangen hat.

Wie muss Bernward gestaunt haben, als er z. B. 992 in Aachen und Trier die Kirchenschätze sah! In der Aachener Pfalzkapelle waren noch am Ende des letzten Jahrhunderts gar manche von Karl dorthin gestifteten Kleinodien erhalten. Wie Vieles konnte das Kapitel im X. Jahrhundert vorweisen! Da zeigte es Bernward eine goldene Altartafel, das jetzt in Wien bei den Reichskleinodien ruhende karolingische Evangeliar mit vier prachtvollen Miniaturen, ein jüngeres und einfaches, aber noch aus karolingischer Zeit stammendes Evangelienbuch mit den Bildern der vier Evangelisten, das mit reichen byzantinischen Emails verzierte, mit getriebenen Goldplatten und Elfenbeinreliefs bedeckte Evangelienbuch Ottos I. oder II., dessen Miniaturen in der Richtung der neuen Reichenauer Schule aus-

---

[1]) Im Ordo Farfensis, Mon. Germ. SS. XI. 547 ist die Ordnung der Procession also bestimmt:

Crux	Turibulum	Candela	Candela	Candela
Aqua	Crux	Textus	Textus	Textus
Crux	Turibulum	Candela	Candela	Candela

Vgl. Liber pontificalis ed. Duchesne I, 275. Occurrerunt beato Johanni (papae † 526) a miliario XV omnes civitas (Constantinopolitana) cum cereos et cruces in honore bēatorum apostolorum Petri et Pauli. Man nannte einen solchen Empfang „suscipere cum gloria." So wurden auch schon in der älteren Zeit die Bilder der den Thron besteigenden Herrscher in den Städten feierlich empfangen. Vgl. Stimmen aus Maria-Laach 1894. XLVII, S. 501 Anm. 1.

[2]) Annales Quedlinburgenses ad an. 984. Mon. Germ. III, 66.

geführt waren.¹) In der Aachener Pfalzkapelle sah er als Erzieher Ottos, oder späterhin als Bischof, die Arbeiten des longobardischen Bischofs Johannes, der am Ende des X. und im Beginn des XI. Jahrhunderts dort und in Lüttich Wandmalereien ausführte.²) Da dieser durch Kunstfertigkeit und Tugend hervorragende Mann von Otto III. aus Italien berufen und sehr geehrt wurde, dürfte Bernward mit ihm in persönlichen Verkehr getreten sein, um sich in der Malerei zu vervollkommnen, worin er sich ja bereits während der Studienjahre in Hildesheim geübt hatte. Doch die Goldschmiedekunst war sein Lieblingsfach. Er wird darum in Aachen nichts mehr betrachtet haben, als das Lotharkreuz. Mit Recht bewunderte er die vielen zwischen den zartesten Filigranfäden, auf durchsichtige Unterlage gestellten Gemmen und Edelsteine.

Von Aachen ging der Weg, vielleicht über Malmedy, Stavelot und Prüm, in die alte Stadt Trier, die damals noch weit reicher war an grossen Bauten aus der Römerzeit. Im Jahre 992, ein Jahr vor seinem Tode, führte der kunstsinnige Erzbischof Egbert Otto III. und Bernward herum. Letzterer war mit ihm und mit seinen Verwandten enge befreundet; denn sein Onkel Volkmar, Bischof von Utrecht, hatte ihn eingeführt in die Familie des Grafen Theodorich II. von Holland, dessen Sohn Egbert war. Das schönste Kleinod des Trierer Domes war schon damals der farbenprächtige Andreasschrein, zu dessen Herstellung Egbert sich die feinsten Schmuckstücke seiner Verwandten hatte schenken lassen. Eine der reichsten kreisförmigen Spangen, die wir kennen, erschien auch ihm damals so werthvoll, dass er sie unverändert in sein Reliquiar einfügte. Bernward sah die in Trier, in Nachahmung byzantinischer Vorbilder gefertigten Plättchen mit Zellenemail, womit der Andreasschrein, die Hülsen des Petrusstabes und des heil. Nagels verziert waren. In der kaiserlichen Abtei St. Maximin freute man sich, ihm die Ada-Handschrift, eines der herrlichsten karolingischen Bücher, vorzulegen und ihn auf den herrlichen, aus Erz gegossenen Brunnen aufmerksam zu machen, welchen zwei Mönche des Klosters, Gosbert und Absalon, vor Kurzem vollendet hatten. Nahe bei St. Maximin in St. Paulin bewunderten Otto III. und Bernward vielleicht schon damals die reich mit Bildern ausgestattete Handschrift, welche Egbert von den Mönchen der Reichenau zum Geschenk erhalten hatte. Dann sind sie wohl hinübergeritten nach Echternach, um die Reliquien des heil. Willibrord zu verehren. Dort trug man ihnen beim Empfang die schöne, jetzt in Gotha befindliche, auf's Reichste illustrirte Handschrift entgegen, auf deren Deckel die Bilder Ottos und seiner Mutter Theophanu vielleicht deshalb in Gold getrieben sind, weil sie das kostbare Metall und Edelsteine der Abtei geschenkt hatten. Möglich bleibt immerhin, dass die Mönche die Kaiserin und den Kaiser nur aus Liebe zum Herrscherhause auf ihrem Buche anbrachten. Bernward unterliess nicht, die Schreibstube des Klosters zu besuchen, aus der bald nachher das jetzt in Bremen ruhende Evangelienbuch hervorging, dessen Bilder unter Benutzung des Gothaer Codex und des Egbert-Codex entstanden.³)

4. Wir haben heute kaum mehr eine Ahnung von der Pracht und dem Reichthum der deutschen Kirchen des X. Jahrhunderts. So besass der Mainzer Dom im Bennakreuz ein Werk von ausserordentlicher Grösse und Kostbarkeit. Otto hatte dem Reichskanzler Willigis zum Beweise seiner Dankbarkeit einen Theil des Tributes der Longobarden geschenkt. Der Erzbischof verwandte das Gold zur Herstellung eines gewaltigen Kreuzes. Den Kern aus Cypressenholz bekleidete er mit goldenen Platten, die er dann mit kostbaren Steinen besetzte. Das mehr als mannsgrosse, innen hohle Christusbild füllte er mit Reliquien. Er gab ihm kein Gewand (Colobium), sondern nur ein Lendentuch. Es war in viele (15?) Theile zerlegbar, so dass die Füsse, Hände, Arme, der Kopf, der obere und untere Theil der Leibes einzeln in die grosse feste Kiste geborgen werden konnten, worin es gewöhnlich

---
¹) Vollständig publicirt in Beissel, Die Bilder der Handschrift des Kaisers Otto.
²) Vita Balderici c. 13 s., Mon. Germ. SS. IV. 729 s.; Histor. monast. s. Laurentii Leod. c. 13. Mon. Germ. SS. VIII., 267; Schnaase IV. 693 und 725.
³) Beissel. Die Bilder der Handschrift des Kaisers Otto 18 f. und 28 f.

verschlossen lag.¹) Nur um Ostern, Weihnachten und bei der Anwesenheit des Königs wurde es zusammengestellt und oben hoch auf einem Balken ausgestellt, wo Niemand es zu erreichen vermochte. Zwei grosse Karfunkel bildeten die Augensterne und leuchteten hell in der Finsterniss. Oben auf dem Kreuze las man die Inschrift:
Auri sexcentas habet hec crux aurea libras.
Da jedes Pfund Gold zwei Mark Gold gleich war, enthielt es 1200 Mark reinsten Goldes.

Aehnliche Goldkreuze, freilich von bescheidenerem Umfang und Werth, waren nicht selten. So besass Strassburg im Jahre 1002 ein grosses mit Gold bekleidetes, mit Edelsteinen besetztes Kreuz mit einem Bilde des Heilandes.²) In Emmerich und Obernkirchen, Telgte und Minden findet man noch heute die Holzkerne solcher im X. oder XI. Jahrhundert entstandenen Kreuze mit der Figur Christi.³)

Die eigentliche Stelle dieser grossen Kreuzesbilder war die Mitte eines grossen Balkens, der über dem Kreuzaltar beim Choreingange oder vor der Vierung von einer Seite der Oberwände des Mittelschiffes zur anderen ging. Dort beherrschte dies Kreuz das ganze, den Laien bestimmte Mittelschiff, wie das Gemälde der Apsis die Augen des im Chore betenden Klerus fesselte. Die kleineren kostbaren Processionskreuze wurden meist zu zweien oder dreien hinter dem Altar aufgestellt, der damals noch keine oder höchstens eine kleine Rückwand hatte und worauf nur Leuchter, Kelch und Patene Platz fanden.

Was Bernward auf seinen Reisen in den deutschen Kirchen sah, also später nachahmen konnte, erfahren wir am besten aus den Schatzverzeichnissen seines Jahrhunderts. Darum wird es nützlich sein, einige ältere und einige mehr oder weniger zeitgenössische hier kurz mitzutheilen. Auch die älteren verdienen Berücksichtigung, weil ja Kirchenschätze sich meist lange halten; die zeitgenössischen, selbst die etwas jüngeren aus der ersten Hälfte des XI. Jahrhunderts, sind heranzuziehen, weil sie zeigen, was damals in Deutschland die meisten Kirchen besassen. Wichtig und lehrreich ist da vor Allem das Schatzverzeichniss von Centulum (St. Riquier), der Abtei Angilberts, des Freundes Karls d. Gr.⁴) Sie besass: 17 mit Gold oder Silber beschlagene Kreuze. 2 goldene Kronen. 6 silberne und 12 kupferne mit Gold und Silber verzierte Lampen. 13 silberne Leuchterkronen. 2 grosse vergoldete Leuchter. 3 goldene Aepfel (poma). 3 goldene und 12 silberne Kelche mit ihren Patenen. 10 silberne Opferschüsseln (Offertoria). Beim Haupt des heil. Richard befanden sich 1 Tafel nebst 2 grösseren und 2 kleineren, mit Gold und Silber überzogenen Thüren. Für den Altar des genannten Heiligen hatte man 6 mit Gold und Silber bedeckte Säulen und 3 mit Silber beschlagene Balken mit ihren Bogen, die auf jene Säulen gestellt wurden. 4 silberne Rauchfässer. 24 Kannen, Schüsseln und Wassergefässe, 1 aus Gold und Elfenbein, die übrigen waren silbern und theilweise vergoldet. 22 Glocken und Schellen; 1 war silbern, 3 waren vergoldet. 6 Bilder aus Erz und 1 aus Elfenbein. 7 vergoldete Thüren. 1 auf Purpur geschriebenes Buch in einem mit Gold, Silber und Edelsteinen versehenen Einbande. 1 mit Goldtinte geschriebenes Evangelienbuch in ähnlichem Einbande. 1 Evangelienbuch. 200 andere Bücher.

Angesis stattete um 830 sowohl Luxeuil als Fontanelle aus.⁵)

Nach Luxeuil schenkte er: 1 grosses goldenes mit Edelsteinen verziertes Kreuz auf einem mit Silber bekleideten Stabe. 1 goldene Opferschüssel mit 1 goldenen Patene. 3 silberne, vergoldete und mit Bildwerk verzierte Kelche. 3 schöne silberne Gefässe. 1 mit silbernen Figuren bedeckte Altartafel.

Fontanelle erhielt noch mehr. Genannt werden: 1 goldenes Reliquiar runder Form, in dessen Mitte sich hinter Krystall eine grosse Kreuzespartikel befand. 1 goldener, ein Pfund schwerer Kelch mit zwei

---

¹) Martyrium Arnoldi, archiepiscopi Moguntini († 1160). Boehmer, Fontes III, 325; Annales Palidenses ad an. 983, Mon. Germ. SS. XVI, 65; Annales S. Dissibodi ad an. 1160, Mon. Germ. SS. XVII, 29; Aegidii gesta episcoporum Leodiensium III, c. 37, Mon. Germ. SS. XXV, 108; Christiani liber de calamitate ecclesiae Moguntinae c. 2 et c. 12. l. c. 240 et 244.

²) Richeri gesta Senonensis ecclesiae II, c. 15, Mon. Germ. SS. XXV, 277.

³) Das Kreuz von Emmerich bei Clemen, Kunstdenkmäler der Rheinprovinz II, 1 S. 44 f., das Kreuz von Obernkirchen in der Zeitschrift für christl. Kunst I, 314 f. Ueber karolingische Kreuze vgl. Schlosser, Schriftquellen zur Geschichte der karolingischen Kunst. Quellenschriften N. F. IV, 354 f. Im Chronicon Zwifaltense, Mon. Germ. SS. X, 89 werden nicht weniger als 14 mit Reliquien gefüllte, grössere und kleinere Kreuze aus Gold, Silber und Kupfer beschrieben. Einige mögen erst im Anfange des XII. Jahrhunderts entstanden sein, die meisten waren älter. Ein gegen das Jahr 1137 aufgenommenes reiches Reliquienverzeichniss der Abtei l. c. 110.

⁴) De ecclesia Centulensi liber c. 3, Mon. Germ. SS. XV, 177.

⁵) Gesta abbatum Fontanellensium, Mon. Germ. SS. II, 295. Ebendaselbst Nachrichten über reiche Stoffe.

Beissel, Der heil. Bernward. 2

Henkeln. 1 silberner mit Figuren versehener Kelch mit seiner silbernen Patene und seiner silbernen Opferschüssel. 1 andere Opferschüssel mit ihrer Patene. 1 grosse silberne Krone mit ihrer silbernen Lampe. 1 andere silberne Lampe. 1 silbernes Rauchfass. 3 silberne Leuchter. 1 Waschbecken mit seiner Kanne. 2 in Gold gefasste Glasgefässe und 1 ungefasstes. 3 Elfenbeingefässe. 3 Bücher (ein Evangeliar, ein Lektionar und ein Antiphonar) auf Purpur mit Gold und Silber geschrieben, in einem aus Elfenbeintafeln und Gold gefertigten Einbande.

Im Schatze von St. Bertin[1]) fanden sich im Jahre 867:

4 silberne, vergoldete Reliquiare. 3 Kreuze. 1 silberner Kelch mit seiner Patene. 1 Kelch von Erz. Als Weihegeschenke hingen dort 3 Kelche und 4 silberne, vergoldete Armspangen. Um das Jahr 1090 liess Abt Johannes neben das Triumphkreuz zwei hölzerne, mit Silber, Gold und Edelsteinen bedeckte Bilder aufstellen, in der Marienkapelle aber eine mit vielen geschnitzten Figuren versehene Nachahmung des heil. Grabes errichten.

Der Schatz von St. Trond[2]) besass im Jahre 870:

3 grosse mit Gold und Silber bedeckte Aufsätze (Rebae) über den Gräbern der Patrone der Abtei. Der Marienaltar war bedeckt durch silberne, vergoldete, mit Figuren belebte Platten; auch das Ciborium über dem Altar hatte silberne Beschläge. In seiner Mitte hing eine vergoldete Krone von Erz. Mit Silberplatten war ferner der Altar des heil. Stephanus beschlagen. Das Schatzverzeichniss nennt weiterhin: 1 Reliquiar mit goldenen Platten und Edelsteinen. 21 Reliquiare mit silberner Bekleidung. 10 mit Silber bekleidete grössere Kreuze und 11 kleinere (3 aus Gold, 6 aus Silber und 2 aus Kupfer). 3 in Silber gebundene Bücher. 2 silberne Granatäpfel. 19 silberne Kelche mit 6 Patenen. 1 goldener Kelch mit 1 silbernen Patene. 16 silberne Opferschüsseln. 4 Kannen aus Silber und 2 aus Kupfer. 5 mit Silber bedeckte Tragaltäre. 3 silberne Rauchfässer und 1 aus Kupfer. 7 Leuchter von Silber. 2 silberne Büchsen (Buxtae) für den Weihrauch und 1 andere silberne Büchse. 1 silberne Tafel mit der Darstellung des Lebens des heil. Trudo. 5 Lampen aus Silber und 7 aus Zinn. 2 silberne Leuchterkronen und 8 kupferne, theilweise vergoldete. 2 silberne Schlüssel und 1 goldener. 2 mit Silber bekleidete Abtstäbe. Als Weihegeschenke besass man über 21 goldene Ohrringe mit Edelsteinen und andere Schmucksachen. Im Jahre 1107 verlor die Abtei ein 7 Mark (2½ Pfund) schweres, silbernes Rauchfass, einen 1½ Mark wiegenden Kelch von Silber und eine grosse Reliquientafel. Sie war 1 Fuss lang, fast ebenso hoch, ihr Rand war mit getriebenen Silberplatten, ihr Inneres mit Gold und Edelsteinen bedeckt. Das Kloster erhielt dagegen um dieselbe Zeit durch den Abt Theodorich unter anderem ein grosses kupfernes Kreuz, auf dessen Fuss die vier Evangelisten sassen, und 2 kupferne werthvolle Wassergefässe zum Händewaschen; das erstere hatte die Form eines langgeschweiften Thieres, das andere die Form einer Tonne; es war mit Silber und Gold verziert.

Dem auf sein Geheiss neu erbauten Dome von Merseburg[3]) schenkte Heinrich II. (um 1015):

3 Evangelienbücher in kostbaren Einbänden mit Edelsteinen und Elfenbeintafeln. 3 vergoldete und 2 silberne Kreuze. 2 silberne Ampullen. 3 Kelche (einen silbernen, einen goldenen mit Edelsteinen und einen mit allem denkbaren Aufwand durch Gemmen verzierten). 1 mit Gold und Gemmen bekleidete Altartafel. 1 goldene Büchse mit Edelsteinen. 3 silberne Rauchfässer und viele Gewänder und Teppiche.

Als Bischof Meinwerk in Paderborn das Kloster Abdinghof gestiftet hatte, überwies er ihm als erste Ausstattung im Jahre 1031 zahlreiche Goldschmiedearbeiten.[4]) Folgende werden ausdrücklich aufgezählt:

1 silberne Tafel, die vor den Hochaltar gestellt werden sollte. 1 Kelch, dessen reines Gold 8 Mark (4 Pfund) wog und der mit 72 Steinen besetzt war. 1 silberner, gegossener Kelch von 30 Mark, worauf man das Martyrium des heil. Stephanus sah. 1 kleinerer Kelch von 22 Mark Silber. 6 kleinere silberne Kelche. 2 silberne Kreuze mit ihren Stäben. 2 silberne Leuchter von 3½ Mark. 1 silberne Kuppe. 5 silberne Kännchen. 7 mit Gold gewebte Stolen, von denen die eine 27, die andere 21 Glöckchen hatte. 1 silberne Krone mit 12 Kerzen, zu Ehren der Apostel, für den Hochaltar. 1 andere silberne Krone mit 72 Kerzen, zu Ehren der Jünger, für das Mittelschiff. Die meisten dieser Gegenstände waren wohl zu Paderborn durch Meinwerks Goldschmiede, Burnhard und dessen Sohn Erpho, verfertigt worden.

Die Chroniken der Zeit berichten noch über viele andere Schätze deutscher Kirchen.[5])

---

[1]) Gesta abbatum s. Bertini, Mon. Germ. SS. XIII, 634 cfr. 642.
[2]) Gesta abbatum Trudonensium I c. 3 et VI c. 1 et c. 25, Mon. Germ. SS. X, 230, 255 et 264.
[3]) Chronicon episcoporum Merseburgensium, Mon. Germ. SS. X, 176.
[4]) Vita s. Meinwerci episcopi c. 211. Ueber seine Goldschmiede c. 182, Mon. Germ. SS. XI, 156 et 148.
[5]) Ueber den Schatz von Benediktbeuern im XI. Jahrhundert Chronicon Benedictoburanum c. 3, c. 4, c. 16, Mon. Germ. SS. IX, 222, 223, 233, cfr. pag. 237. Ueber den Schatz von Petershausen Casus monasterii Petershusensis II, c. 4 l. c. XX. 641. Ueber den Schatz von Halberstadt um 1018 Gesta episcoporum Halberstadiensium l. c. XXIII, 90. Ueber den Schatz von Freising im X. Jahrhundert Gesta episcoporum Frisingensium l. c. XXIV, 320, 321 et 322. Ein Schatzverzeichniss von Prüm von 1003 bei Beyer, Urkundenbuch I. 717, Coblenz, Hölscher 1860; vgl. Marx, Geschichte des Erzstiftes Trier II. 1 Seite 278 f.

Das Gesagte genügt, um zu zeigen, wieviel Bernward bei seinen Reisen sah und was er später in Hildesheim, dem Gebrauche seiner Zeitgenossen entsprechend, dem Dome und anderen Kirchen zuzuwenden hatte.

5. Am 15. Juni 991 starb Theophanu. Thietmar,[1]) ein Sohn des sächsischen Grafen Siegfried von Walbeck und der Gräfin Kunigunde von Stade, der nach Ausweis seiner Chronik auch das Privatleben der Familie der Ottonen genau kannte, ehrte ihr Andenken durch das Lob: „Obgleich schwach durch ihr Geschlecht, war sie doch ernst und erweckte sie Zutrauen. Ihr Wandel war, was bei Griechen selten ist, untadelhaft. Ihrem Sohne wahrte sie das Reich durch männlichen Schutz; denn die Guten gewann sie mit allen Mitteln, die Stolzen aber schreckte und besiegte sie." Freilich wird dies Lob nach einer Seite hin eingeschränkt durch die kurz vorher gegebene Schilderung Ottos I. und Ottos II.: „(Diese Fürsten) erfreuten sich nicht an überflüssiger Verschiedenheit der Speisen und anderer Dinge, sondern übten Mässigkeit in Allem. Jede Tugend, von der man liest, blühte, als sie unter uns weilten, ist aber verwelkt seit ihrem Tode."

Schon Theophanu betrat die Bahn des Luxus, auf welcher Otto III. weiter ging. In der 17. Erscheinung des Buches Othlos von St. Emmeramm[2]) wird ihr darum übermässige Kleiderpracht vorgeworfen. Dort wird nämlich erzählt, die verstorbene Kaiserin sei einer Nonne erschienen und habe dieselbe um ihr Gebet ersucht; denn sie leide arg im Fegefeuer, weil sie „viele überflüssige und luxuriöse, in Griechenland gebräuchliche, aber in den Provinzen Deutschlands und Frankens unbekannte Frauenzier in Deutschland zuerst einführte. Sie habe sich damit, mehr als der menschlichen Natur zukomme, umgeben, sei in solch verderblichem Schmuck umhergegangen und habe andere Frauen verführt, nach Aehnlichem zu verlangen und so zu fehlen. Ihr Benehmen sei für sie folgenschwerer geworden, weil sie dasselbe gar nicht als Sünde angesehen habe; denn wenn sie gewusst hätte, dass sie dadurch Unrecht gethan, würde sie durch irgend eine Busse Sühne geleistet haben."

Man darf diese Vision übrigens nicht zu streng nehmen; denn schon lange vor Theophanus Ankunft brachten Kaufleute Seide und kostbare Schmucksachen aus dem Morgenlande nach Deutschland. Theophanu hatte freilich die kostbarsten Kleider und Schmuckgegenstände mitgebracht, welche man am Bosporus kannte, liess sich Mancherlei nachschicken und von ihren kaiserlichen Brüdern schenken. Immerhin führte sie neue Moden ein. Der Handel mit solchen Sachen nahm dadurch einen Aufschwung: Deutschland sah und brauchte in Folge dessen weit mehr „byzantinische" Stoffe und Geräthe als früher. Viele jener kleinen und werthvollen Emails, womit Kreuze, Buchdeckel, Reliquiare und Votivkronen des X. und XI. Jahrhunderts verziert sind, werden ursprünglich als Frauenschmuck bestimmt und benutzt, erst später den Kirchen geschenkt worden sein.

Otto zählte beim Tode seiner Mutter kaum elf Jahre. Mit Bernward und mit seinem ganzen Hofe begleitete er die Leiche nach Köln. Im Kloster des heil. Pantaleon, einer Stiftung seines Grossonkels, des Erzbischofs Bruno, Bruders Ottos I., liess er sie feierlich beisetzen. Die Verstorbene hatte diese Familienstiftung beschützt und beschenkt. Dass sie dieselbe mit griechischen Mönchen besetzt habe, dass von hier aus griechische Kunst und Technik sich über die Rheinlande verbreitet habe, ist oft behauptet, aber bis jetzt noch nie bewiesen worden. Es ist um so unglaublicher, weil Theophanus Bruder Gregor, der nach Deutschland gekommen und Abt in der bei Aachen gelegenen Abtei Burtscheid geworden sein soll, griechische Mönche oder Künstler nicht mitgebracht hatte oder an sich zog. Ein kleines byzantinisches Mosaikbild des heil. Nikolaus, das sein Eigenthum gewesen, ist dort bis heute erhalten.[3])

---

[1]) Thietmari Chron. IV c. 8, cfr. II c. 28 und IV c. 10, Mon. Germ. SS. III, 770, 757, 772.
[2]) Liber visionum, Mon. Germ. SS. XI, 385.
[3]) Mabillon, Annales III, 631; Bock, Die Reliquienschätze der ehemaligen gefürsteten Reichsabteien Burtscheid und Cornelimünster, S. 1 und 16.

Nach dem Tode der jungen Kaiserin kam Adelheid, die Gemahlin Ottos I., eilends von Quedlinburg nach Nymwegen, um bei ihrem Enkel Mutterstelle zu vertreten. Nur kurze Zeit blieb sie bei ihm. Traurig musste sie heimkehren, weil Otto „durch den Rath ungezügelter Jünglinge verdorben, sie entliess".[1]) Bernward behauptete seine Stellung und sein Ansehen. Selbst Theophanu hatte ihrem Sohne nur zu oft nachgegeben. Bernward wusste Güte mit Strenge zu verbinden, Ottos Vertrauen zu verdienen und seiner Aufgabe als Erzieher trotz aller Schwierigkeiten gerecht zu werden.[2]) Dass er die Geschäfte eines Reichskanzlers versehen habe, ist unrichtig. Oft wird er freilich als Privatsekretair des jungen Königs wichtige Briefe geschrieben haben.[3]) Nichts zeigt klarer seinen erziehlichen Erfolg, als die herzliche Art, womit Otto ihn im Januar 1001 in Rom empfing, bewirthete und beschenkte.[4]) Damals erhielt er vielleicht vom Kaiser ein grosses, braunröthliches Gefäss von Porphyr, das als einer der Krüge galt, worin der Heiland zu Kana Wasser in Wein verwandelte. Bernward hängte es späterhin in die Mitte eines grossen Radleuchters, den er für die Klosterkirche des heil. Michael zu Hildesheim anfertigen liess.[5]) Der Kaiser schenkte ihm zu verschiedenen Zeiten andere Reliquien, z. B. jenes Stück vom wahren Kreuze, das Bernward später in sein berühmtes goldenes Kreuz einfügte.

Weiteres und wichtiges Zeugniss der dauernden Hochachtung legt eine Reihe von Urkunden ab, welche von Otto für die Hildesheimer Diözese ausgestellt wurden. Wenigstens 13 solcher Bestätigungsbriefe oder Schenkungen sind in Abschrift noch erhalten. Vor Heinrich II. sind 17 auf Ersuchen Bernwards ausgestellte Urkunden vorhanden. Lüntzel[6] macht darauf aufmerksam, dass ihm (1856) nur 630 Urkunden Ottos III. und Heinrichs II. bekannt seien, dass also die 30 von den beiden genannten Kaisern für Bernward erlassenen nicht weniger als $\frac{1}{21}$ der Gesammtzahl erreichen.

Auch die Schwester Ottos II., Mathilde, Aebtissin zu Quedlinburg, hegte zu Bernward grosses Vertrauen. Als sie im Anfang des Jahres 999 schwer erkrankt war, bat sie um seinen Besuch, um von seiner Hand die heil. Sakramente der Sterbenden zu empfangen. Ihre Nachfolgerin in Quedlinburg, Ottos III. älteste Schwester Adelheid, achtete Bernward gleichfalls hoch, während die jüngere ihm, wie wir sehen werden, abgeneigt war.

6. Mit dem Jahre 993 endet Bernwards Aufenthalt am Kaiserhofe. Warum er seine Stellung aufgab, ist nicht klar. Hat vielleicht jene Partei, welcher Adelheid, die Grossmutter Ottos III., weichen musste, auch seine Entfernung veranlasst? Einiges Licht bringt immerhin ein undatirter Brief Ottos III.[7]) Laut der Aufschrift ist er gerichtet an: „Girbert den erfahrensten der Herren und den in drei Theilen der Philosophie mit Lorbern gekrönten". Der junge König bittet Gerbert, bald und auf immer zu ihm zu kommen, um seine Schreiber und Reden zu verbessern und ihm in den Staatsgeschäften Rath zu ertheilen. Gerbert möge keine Scheu haben vor der sächsischen Ungebildetheit (Saxonica rusticitas). Otto besitze bereits einen Funken griechischen Wesens, der solle angefacht werden, besonders durch den Unterricht im „Buche der Arithmetik".[8]) Den Schluss bilden einige Verse:

      Versus nunquam composui,
      Nec in studio habui.

---

[1]) Thietmar IV, 10, Mon. Germ. SS. III, 772.
[2]) Thangmar c. 2 et 3, Mon. Germ. SS. IV, 756.
[3]) Lüntzel, Der heil. Bernward, 13 Anm.; bei Stumpf-Brentano, Die Reichskanzler II, 75 f. fehlt Bernward; Krätz III, 9.
[4]) Thangmar c. 19 s., Mon. Germ. SS. 767 s.
[5]) Krätz II, 98 f.; Didron, Annales XIII, 91 s. Les urnes de Cana.
[6]) Der heil. Bernward, 21 f.
[7]) Der Brief ist oft abgedruckt worden. Am besten Mon. Germ. Diplomata (Quartausgabe) II, 659, zwischen 9. und 18. April 997. Die Datirung dürfte doch zu spät sein.
[8]) Düker, Der Liber mathematicalis des heil. Bernward S. 3; Krätz II, 104 f.; Gerdes 665; Neumann Mittheilungen 143; Havet, Lettres de Gerbert 983 s. Paris 1889; Alfred Nagel, Gerbert und die Rechenkunde des 10. Jahrhunderts. Sitzungsbericht der Wiener Academie, 1888 S. 861 f.

Dum in usu habuero
Et in eis viguero,
Quot habet viros Gallia,
Tot vobis mittam carmina.
„Verse hab' ich nie gemacht,
Noch auch ans Dichten je gedacht.
Doch wenn ich muss ans Dichten geh'n,
Und auf die Verskunst mich versteh'n,
Schick' ich dir soviel Carmina,
Als Männer sind in Gallia."

Die Verse dürfen wohl als Probe der Lehrerfolge Bernwards angesehen werden. Dieser hatte bei Thangmar die Dichtkunst erlernt und nach dem Gebrauche der Zeit auch seinen hohen Schüler früh in dieselbe eingeführt. Das im Briefe erwähnte mathematische Buch erinnert sogleich an jene Hildesheimer Handschrift aus der Zeit um das Jahr 1000, welche „dem Bischof Bernward nach Angabe vieler Schriftsteller beim Unterrichte Ottos in den mathematischen Wissenschaften zum Leitfaden gedient" haben soll. Sie ist in Wirklichkeit, wie Düker zuerst nachwies, nichts Anderes, als eine gute Abschrift des Boëthius. Schon die Jugend Ottos musste Bernward abhalten, mit ihm ein so schwieriges Buch durchzugehen. Die Bitte an Gerbert um Einführung in die Arithmetik zeigt klar, dass Otto in derselben wenigstens noch nicht soviel Unterricht erhalten hatte, dass er den Boëthius zu verstehen im Stande war. Der jetzt im Domschatz zu Hildesheim ruhende Codex kann sehr wohl einen Theil der Bibliothek Bernwards gebildet haben. Die Vermuthung, er sei von Gerbert gesandt oder vermittelt worden, ist nicht ohne Weiteres abzuweisen. Die von Otto mit einer gewissen Geringschätzung erwähnte „sächsische Ungebildetheit" bezieht sich auf alle Deutschen, nicht auf seinen Lehrer. Der Ausdruck ist eben in dem Briefe ein Compliment an den fein gebildeten Franzosen. Wer weiss, ob nicht Bernward selbst den Brief schrieb oder schreiben liess, weil er selbst fühlte, dass ihm für die weitere Bildung des jungen Königs die Kenntnisse mangelten. Hatte er doch in Hildesheim und Mainz in verhältnissmässig kurzer Zeit seine Studien gemacht und am Kaiserhof bei den vielen Reisen schwerlich die nöthige Zeit und Gelegenheit, Lehrer und Bücher, um sich gründlicher auszubilden! Er war überdies ein praktischer Mann und zum Gelehrten nicht geschaffen.

Drittes Kapitel.

Der heil. Bernward wird Bischof von Hildesheim.

Seine Goldarbeiten.

1. Am 7. December 992 starb Bischof Gerdag von Hildesheim, bereits am 15. Januar 993 wurde Bernward als sein Nachfolger consekrirt. Die von Otto ausgehende Ernennung war ehrenvoll, weil der neue Bischof erst ein Alter von etwa vierzig Jahren hatte, angenehm, weil er nicht nur selbst aus dem Sachsenlande stammte, sondern auch in der Nähe der kaiserlichen Familie blieb, deren Glieder ja von sächsischem Ursprung waren und gerne in Quedlinburg, also unweit von Hildesheim, weilten.

Mit beredten Worten schildert Thangmar die Tagesordnung des Bischofs:
„Früh am Morgen stand er auf, dann wohnte er dem Gottesdienst im Dome bei. Tag für Tag gab er hundert und noch mehreren Armen aufs Reichlichste den Lebensunterhalt;

Vielen verschaffte er auch durch Geld und andere Unterstützungen, soweit es seine Verhältnisse erlaubten, Erleichterung. Darauf durchging er die Werkstätten, wo Metalle zu verschiedenem Gebrauche bereitet wurden, und prüfte (librabat) die einzelnen Arbeiten.... Es gab keine Kunst, in der er sich nicht versuchte, wenn er sie auch nicht bis zur Vollkommenheit sich aneignen konnte. Nicht nur in unserem Domkloster, sondern an verschiedenen anderen Orten richtete er Schreibstuben ein, durch die er eine reichhaltige Sammlung sowohl theologischer als philosophischer Schriften zusammenbrachte. Die Malerei aber, die Sculptur, die Kunst, in Metallen zu arbeiten und edle Steine zu fassen, Alles, was er nur Feines in dergleichen Künsten ausdenken konnte, liess er niemals vernachlässigen.... Talentvolle, vorzüglich begabte Knaben nahm er an den Hof oder auf längere Reisen mit sich und trieb sie an, sich in Allem zu üben, was in irgend einer Kunst als das Würdigste sich darbot.... Zu Ehren des lebendigmachenden Kreuzes errichtete er eine sehr glänzende Kapelle, fasste einen kleinen Theil desselben, ein Geschenk des kaiserlichen Herrschers Otto III., in die glänzendsten Edelsteine und das reinste Gold und setzte ihn dort bei.... Er bereitete nämlich ein Reliquiar, das von Gold und Edelsteinen glänzte, um das lebendigmachende Holz darin einzuschliessen."

In dem letzten Satze hat Hüffer nicht übersetzt: „Er bereitete ein Reliquiar", sondern: „er liess eine Kapsel anfertigen", obgleich in der Urschrift steht: thecam paravit. Durch eine solche Uebersetzung legt er den Worten des Thangmar einen bestimmten, unerwiesenen Sinn unter. Freilich ist nicht zu leugnen, dass bei vielen mittelalterlichen Schriftstellern die Worte: „Jener Bischof baute diese Kirche, fertigte eine Altartafel, bereitete ein Reliquiar" sicher nicht so zu deuten sind, als ob der betreffende Baumeister oder Goldschmied gewesen sei, weil ja auch heute mancher Fürst ein Schloss oder eine Festung baut, ohne Maurer zu sein. Aber des Thangmar Berichte, die schon angeführt sind und deren Fortsetzungen folgen sollen, sind derart abgefasst, dass sie offenbar sagen, Bernward habe in seiner Jugend die persönliche Uebung der technischen Künste erlernt und das Gelernte später praktisch verwerthet. Nur übertriebene Zweifelsucht kann es versuchen, Bernward aus der Reihe ausübender Künstler zu streichen. Sie ist hier um so unberechtigter, weil bekanntlich im zehnten Jahrhundert die Kunstthätigkeit noch grossentheils in den Händen der Geistlichkeit lag und nur langsam in die der Laien überging.

Die Hildesheimer Ueberlieferung zeigte bis in die neueste Zeit neben dem Westchore der Michaelskirche die Werkstätte des heil. Bernward; das 1576 gefertigte Siegel der Goldschmiedezunft der Stadt und die meisten späteren Siegel der norddeutschen Goldschmiedeinnungen stellten ihn dar, wie er in seiner Werkstätte hämmerte; auf dem 1480 angefertigten Domsiegel, sowie auf dem Siegel des Abtes Theodorich von St. Michael (1448) und auf älteren Bildwerken wird der heilige Bischof mit demselben Kreuze dargestellt, welches noch jetzt in der Magdalenenkirche gezeigt wird und jenes sein soll, das er nach Thangmars Worten „bereitete" (paravit). In Hildesheim war man demnach jedenfalls im XV. Jahrhundert überzeugt, Bernward habe das noch heute nach ihm benannte Kreuz eigenhändig angefertigt. Auch wir dürfen heute mit Rücksicht auf Thangmars Berichte uns dieser Ueberzeugung um so mehr anschliessen, da Anlage und Technik des Kreuzes ihr nicht widerspricht.[1)]

[1)] Springer hat zuerst in seiner Abhandlung: De artificibus laicis et monachis medii aevi, dann in dem Aufsatz: „Die Künstlermönche des Mittelalters", Mittheilungen der k. k. Centralcommission VII, 1 f. (vgl. bes. S. 39), ferner in seinen „Bilder aus der neueren Kunstgeschichte". 2. Aufl. I, 43 f., endlich in einer Recension der Arbeit Mitthoff's („Mittelalterliche Künstler und Werkmeister Niedersachsens und Westfalens, Hannover 1866"), Zeitschrift für bildende Kunst II, 304 f. nachgewiesen, dass viele Bischöfe bis dahin als ausübende Künstler angesehen wurden, die doch nur Freunde und Förderer der Kunst waren. Aber auch er gibt zu, dass der heil. Bernward wirklicher Kunsthandwerker war. Die Beweise für letzteres am besten zusammengestellt bei Krätz II, 30 und III, 13 Anm. 20. Selbst auf den Siegeln der Goldschmiede vor Odensee und Kopenhagen ist der heil. Bernward dargestellt. Zeitschrift für bildende Kunst, Kunstgewerbeblatt 1886 II, 206 mit Abbildungen.

Ja, es zeigt sich bei ihm gerade jene Thätigkeit, die Bernward mit Vorliebe betrieb die ars clusoria, „die Kunst der Steineinfassung".[1])

Das Bernwardskreuz (Fig. 3) hat die bei allen Prachtkreuzen dieser Periode übliche lateinische Form, sein unterster Arm ist also länger, als die übrigen. An den vier Ecken hat es Quadrate. Doch sind letztere nicht genau abgemessen; das oberste ist 90 mm breit und 75 mm hoch, das unterste hat 90 × 83 mm, das zur Rechten des Beschauers befindliche 90 × 75 mm (bez. 74 mm). Sowohl in der Mitte als in jenen Eckquadraten sind fünf grosse Krystalle gesetzt, um die Kreuzesform kräftig hervorzuheben. Hinter dem in der Mitte befestigten erblickt man eine Reliquie vom wahren Kreuzesholze, hinter dem obersten ein kleines goldenes Kreuz. Jeder der fünf Krystalle liegt in einer goldenen Kapsel, deren Rand blumenförmig ausgeschnitten und getrieben ist. Rings um den Fuss jeder dieser Einfassungen geht eine Rinne, in der ehedem eine Perlenschnur lag. Jetzt sind nur mehr die kleinen aufrechtstehenden Reifchen erhalten, wodurch die goldene Schnur lief, auf welcher die Perlen aufgereiht waren. Um jeden Krystall ordnete Bernward 18—20 Edelsteine nach einem festen System. Zuerst kam in jede Ecke des Quadrates, worin der Krystall liegt, ein grosser Edelstein. Da die Krystalle elliptisch sind, also an den längeren Seiten weiter vom Rande abstehen, als an den kürzeren, kamen zwischen ihren längeren Seiten und dem Rande je 3 (1 grösserer und 2 kleinere), neben den anderen Seiten 4—5 kleinere Edelsteine. Statt dieser kleineren Edelsteine wurden zuweilen (vielleicht durch die Restauration) Perlen eingesetzt.

Fig. 3.

Noch reicher ist das System der zwischen den Quadraten liegenden Kreuzesbalken. Hier wurde zuerst neben jeden Rand eine Reihe grösserer und kleinerer Steine gesetzt, dann der untere, längere Balken durch quer gesetzte Steine in zwei Abtheilungen zerlegt. So erhielt Bernward fünf Abtheilungen. In jede setzte er nun ein sich über den Grund jener Edelsteine, fast bis zu deren Höhe erhebendes Viereck, dessen innere Ränder von Edelsteinen, Perlen und Filigrankügelchen begleitet wurden. Die Filigrankügelchen sind durch spiralisch gewundenen, nach der Mitte hin aufsteigende Filigranfäden gebildet und haben die Form eines halben Eichens. Die verschiedene Grösse der vorhandenen Edelsteine beschränkte hier die Freiheit, aber soviel als thunlich ist, wie ein Blick auf Tafel I zeigt, als Regel festgehalten, dass in jede Ecke ein grösserer Edelstein kommt und zwischen diesen bedeutenden Steinen Perlen und Filigrankügelchen abwechseln.[2]) Mitten zwischen diesen Edelsteinen, Perlen und Filigrankügelchen erhebt sich auf einer durchbrochenen, aus Filigranfäden gebildeten Gallerie eine ovale Fläche. Ihren Rand bildet wiederum eine Rinne, worin ehedem eine Perlenschnur lag. Sie umsäumte einen besonders kostbaren Stein. Im Ganzen hatte das Kreuz ehedem zehn solcher Perlenschnüre. Seine Oberfläche ist auch jetzt noch sehr belebt. Finden sich doch von der unteren Fläche bis zu dem in der Mitte jedes der fünf kleinen Quadrate stehenden Edelsteine nicht weniger als drei Abstufungen. Dazu werden in jeder dieser Stufen durch die Steine und Perlen neue Erhebungen gebildet.

Das Bernwardskreuz in der Magdalenenkirche zu Hildesheim.

Die Fassung der kleineren Steine und Perlen ist meist einfach. Sie liegen in einem Goldband, dessen oberer Rand zum Steine hin eingebogen ist. Unten wird das Bett jedes Steines von einem Filigranfaden umsäumt, der es fester mit der Grundfläche verbindet. Die Grundfläche selbst ist dann mit Filigran besetzt. Jedes ihrer Drahtstücke ist 1—2 mm lang, gekerbt und in einer kleinen Spirale gebogen, wodurch sogen. „Würmchenfiligran" entsteht. Wo der Raum es erlaubt, werden aber von je zwei Fäden Herzen gebildet, in denen etwa fünf kleinere Fäden Rankenwerk nachahmen, wie man aus Tafel I ersehen kann. Im Ganzen zählt man auf dem Kreuze „230 Einfassungen" mit Perlen und Edelsteinen, unter denen 12 antike G e m m e n hervorragen.[3])

Die Rückseite ist in nachbernwardinischer Zeit mit einer Kupferplatte bedeckt worden, in die man das Bild Christi und die Symbole der Evangelisten gravirte.

Leider haben vielfache Restaurationen, zuletzt 1787 eine sehr einschneidende, das Kreuz verdorben. Viele alte Steine sind verloren und durch Glasflüsse, Achate u. dgl. ersetzt; alle Perlschnüre fehlen. Aber auch so bleibt das Kreuz ein Meisterwerk der Goldschmiedekunst des X. Jahrhunderts. Werke, in denen jene Zeit durch plastische oder

---

[1]) T h a n g m a r c. I Fabrili quoque scientia et arte clusoria omnique structura mirifice excelluit. c. 6 Fabriam atque clusoriam (gemmas metallis includendi) artem . . . nunquam neglectam patiebatur. Mon. Germ. SS. IV 758, 760. Man darf wohl die Vollendung dieses Kreuzes vor dem 10. September 996, dem Weihetage der Kreuzkapelle, ansetzen, weil dasselbe für ihren Altar bestimmt war, und weil Thangmar, der in seinem Buche eine chronologische Ordnung festhält, unmittelbar vor jener Weihe über dies Kreuz handelt (c. 9 und 10).

[2]) Einen ähnlichen Wechsel von Edelsteinen, Perlen und Emails empfiehlt auch T h e o p h i l u s, Schedula c. 53. a. a. O. S. 235 f.

[3]) K r ä t z beschreibt diese Gemmen II, 27 Anm.

gemalte Figuren zu wirken suchte, stossen uns heute durch Mängel in der Zeichnung und Modellirung. Hier, wo es darauf ankommt, das kostbarste Material in geschicktester Art wirken zu lassen, wo Zeichnung und Stilisirung wenig mitzuwirken haben, steht die Kunst des X. Jahrhunderts um so mehr auf der Höhe, als sie die Erfahrungen der älteren Goldschmiede benutzte[1]) und in der Lage war, das vorzüglichste Material einer fleissigen und geschickten Hand zu bieten, die voll hoher Begeisterung für ihres Gottes Ehre all ihr Können einsetzte.

2. In der 999 gegründeten Abteikirche Heiningen zeigt man ein dem heil. Bernward zugeschriebenes Kreuz von 38 cm Höhe und 32 cm Breite, das wir auf Tafel II zum ersten Male in einer Abbildung geben.[2]) Im Ganzen und Grossen gleicht es dem eben beschriebenen; Unterschiede zeigen sich aber um so mehr, je genauer man zusieht. Der Holzkern ist in Heiningen mit vergoldeten Silberplatten bedeckt. Die jetzt verlorene und gravirte Rückseite zeigte die Gestalt Christi zwischen den Apostelfürsten. Die Seiten sind mit Sternen und Rosetten besetzt. Vorne finden wir wie auf dem Hildesheimer Bernwardskreuz Filigran und 63 Edelsteine. Doch sind die Filigranfäden kräftiger, länger und zu Spiralen vereint, die Edelsteine sparsamer verwendet. Ueberdies ist die Form des Ganzen leichter, die elliptisch gebildete Mitte ist kräftig betont. Gegen die Echtheit könnten darum Zweifel laut werden. Wir kennen indessen die Kunstthätigkeit der Zeit um 1000 zu wenig, um der alten Ueberlieferung entgegenzutreten. Man darf es hier um so weniger thun, weil eine „Restauration" Mancherlei verändert hat.

3. Inschriftlich ist als Arbeit des heil. Bernward ein silbernes Kreuz von 31 cm Höhe und 21 cm Breite im Hildesheimer Domschatz beurkundet. Der Heiland ist mit vier Nägeln angeheftet, ohne Krone, mit einem Lendentuch bekleidet und neigt sein Haupt stark. Beachtenswerth ist für jene Zeit das Geschick, womit der ganze Körper sich dem sinkenden Haupte entsprechend biegt. Der Rand des Kreuzes, das Lendentuch, das eigenthümlich geformte Haupthaar, der Bart Christi und sein Fussbrett sind vergoldet; die in Niello ausgeführte Inschrift IHS NAZAREN REX IVDEORVM hat eckige E. Dieselben E finden wir auf der Rückseite, wo der Künstler und die in den hohlen Körper des Gekreuzigten geborgenen Reliquien genannt werden. Doch finden sich dort auch runde E. Beachtenswerth ist die kleine Form des h und der Strich oben am A, das übrigens verschiedenartig geformt ist. Ebenso zeigen sich zwei Formen des M, eine eckige und eine abgerundete. V und U sind gleich, unten eckig.

Fig. 4.

Das kleine silberne Bernwardskreuz. Vgl. Tafel III.

BERNVVARDVS . PRESVL FECIT HOC S LAVRENTII M DE LIGNO S CRVCIS S . MARIE . V . S . MARIE . MAGD . MARTHE . S IOHIS EV S . IACOBI . FRIS . D . S . LAZARI S . PETRI . S . IOHIS . B . S . STEPHANI . PTM . S DIONYSII . M . S . ANDREE . S . PAVLI.

Wie Tafel III zeigt, sind die Buchstaben der mittleren Reihe ohne Unterscheidungszeichen unter einander gestellt, die der übrigen Reihen stehen neben einander. Das Kreuz bietet jedenfalls sehr wichtiges Material zur Beurtheilung bernwardinischer Inschriften. Die genannten Reliquien der heil. Dionysius, Magdalena, Martha und Lazarus hat der Bischof wohl 1006 bei seiner Pilgerfahrt nach Frankreich zu den Gräbern der heil. Dionysius und Martin erhalten. Das Kreuz wird darum wohl kurz nach seiner Heimkehr (1007) entstanden sein

---

[1]) Auf hohen, aus Filigran gebildeten Unterlagen und à jour findet man schon c. 853 grosse Edelsteine gefasst am Antependium der Kirche des heil. Ambrosius zu Mailand. Die Antikensammlung des allerh. Kaiserhauses zu Wien besitzt eine Fibula des IV. Jahrhunderts, worauf ein Onyx mit seinem Goldbett durch Delphine mit der Unterplatte verbunden ist. Goldkügelchen aus Filigran mit körniger Oberfläche sieht man schon in etruskischen Schmuckgegenständen. Vgl. Neumann Mittheilungen 101 f. und 145.

[2]) Ueber das Kreuz von Heiningen vgl. Krätz II, 34 f.; Lüntzel, Der heil. Bernward 55 Anm. 1; Neumann Mittheilungen 146 f.; Baudenkmäler Niedersachsens II, 248; Mithoff, Kunstdenkmale III, 91; Studien und Mittheilungen aus dem Benediktiner- und Cistercienser-Orden XIV, 592.

Ob wir nun aber die Inschrift: „Bischof Bernward machte dies" so zu deuten haben, dass derselbe auch das Bild des Gekreuzigten modellirte? Es ist offen gestanden viel zu gut, um von der Hand eines Mannes zu stammen, für den doch die Kunst nicht die eigentliche Lebensaufgabe war. Der Meister, welcher im Beginn des XIII. Jahrhunderts das schöne Emailkreuz für St. Godehard in Hildesheim anfertigte, hat für seine Figur des Gekreuzigten dies Bernwardskreuz als Vorbild benutzt. Er bog freilich die Arme etwas mehr nach oben, aber für den Faltenwurf des Lendentuchs, das Fussbrett, die Neigung des Hauptes, den Fall der Kopfhaare und die Ausbiegung des Körpers hielt er sich streng an die Formen des an zweihundert Jahre älteren Meisterwerkes.

Zwei werthvolle romanische Kreuze des Hildesheimer Domschatzes aus der Zeit um 1200 ahmen mehr oder weniger die Form des silbernen Bernwardskreuzes nach. Ihre Christuskörper und besonders ihre Lendentücher sind aber weit steifer und stark stilisirt, während das Kreuz des heil. Bischofs viel von der freien Behandlung der antiken Kunst bewahrt.[1])

4. Eine zweite Klasse von Arbeiten des heil. Bernward waren Kelche. Er schenkte der Abtei Hersefeld im Bremischen „einen unmogliken groten Kelke von klarem Golde unde edelen Stenen", der im Jahre 1630 eingeschmolzen wurde und einen Metallwerth von 600 Goldgulden ergab. Abt Theodorich von St. Michael († 1205) erwähnt noch vier andere Kelche, die Bernward „gemacht" habe, ja einige Verse in einer alten Handschrift sagen, er habe acht Kelche „mit wunderbarer Kunst gegossen" (conflavit).[2]) Erhalten ist keiner dieser Kelche; denn jener, welcher in der Schatzkammer des Hildesheimer Domes bis gegen die Mitte dieses Jahrhunderts als „Bernwardskelch" gezeigt wurde, ist dreihundert Jahre jünger und wird jetzt nur mehr als „Kopie eines Bernwardskelches" ausgegeben.[3])

Fig. 6.

Der sog. Kelch des heil. Bernward im Domschatze zu Hildesheim.

Eine Patene des Welfenschatzes ist in ein gothisches Reliquiar gefasst und auf einem Pergamentstreifen des XIII. bis XIV. Jahrhunderts durch folgende Inschrift als Werk des heil. Bernward beurkundet:

Ista(m) patena(m) fecit S(anctus) Bernvvardus.[4])

„Diese Patene machte der heil. Bernward."

Hinter die Patene sind in silbernen Kapseln Reliquien, auch solche des heil. Bernward und seines Nachfolgers Godehard eingelassen. Die Patene selbst ist von Silber, hat einen Durchmesser von 135 mm und einen dreifachen Rand. Der äusserste, ziemlich schmale trägt die Inschrift:

† Est . corpus . in . se[5]) . panis . qui . frangitur. In . me : vivet . in . eternum . qui . bene . sumit . eum .

„Dies Brod, das gebrochen wird, ist (Christi) Leib. In mir wird ewig leben, wer es würdig geniesst."

Nun folgt noch in derselben Ebene ein breiter Rand, dann neigt sich ein schmaler Ring in die Tiefe zu einer achtblättrigen Rose, in deren Mitte sich ein Kreis befindet. Das 1., 3., 5. und 7. Blatt enthält die Köpfe der geflügelten Evangelisten-Symbole, das 2., 4., 6.

---

[1]) Führer n. 12 und 17; Krätz II. 177; Neumann, Mittheilungen 146. Für die Form des bernwardinischen Kreuzes vgl. Beissel, Handschrift des Kaisers Otto, Tafel XXX f. und Kraus, Codex Egberti, Tafel 49 f. Das Organ für christliche Kunst brachte 1861 XI, 243 f. einen Aufsatz mit der Ueberschrift: „Eine Holzsculptur des heil. Bernwardus" und behandelte darin ein Kreuz des Braunschweiger Domes, weil sich die Inschrift: (B)ERNVARDVS ME FECIT auf dem Gürtel finde, mit dem die Tunika des Gekreuzigten um dessen Lenden geschlossen sei. Genauere Untersuchungen zeigten, dass zu lesen sei: IMERVARD . ME FECIT. Vgl. Neumann, Der Reliquienschatz des Hauses Braunschweig-Lüneburg S. 36, 326 und 330; Dohme 44; Schnaase IV, 664; v. Heeremann, Die älteste Tafelmalerei Westfalens S. 64, vgl. S. 62, wo ein anderes (irrthümlich) dem heil. Bernward zugeschriebenes Kreuz mit Email champleve erwähnt ist.

[2]) Krätz II, 38 Anm. 14 und 15; Lüntzel, Der heil. Bernward 55 Anm. 1.

[3]) Krätz II, 37; Führer n. 14. Fiorillo I, 81 beschreibt ihn als Werk des heil. Bernward.

[4]) Neumann, Der Reliquienschatz des Hauses Braunschweig-Lüneburg. 47 und 294 f. und Mittheilungen 146 f.; Bucher, Geschichte der technischen Künste II, 209; Krätz II, 35 Anm. 14; vgl. 38 Anm. 14; Luntzel 56; Schnaase IV, 664; Otte, Archäologie I, 233; Rohault de Fleury, La Messe IV pl. 327; Labarte II, 185 u. a.

[5]) Sollte nicht das IN . SE ein Schreibfehler sein, statt ISTE?

und 8. die Halbfiguren der Kardinaltugenden, welche je ein Band halten mit den Inschriften:

Justitia. Prudentia. Fortitudo. Temperantia.

In der Mitte thront Christus auf dem Regenbogen (Fig. 6). Er breitet seine Hände aus, zeigt die fünf Wunden und sagt in der Inschrift:

† Huc . spectate . viri . sic . vos . moriendo . redemi.
„Schauet, ihr Männer, hierher; so habe ich euch sterbend erlöset."

Alle Inschriften sind tief gravirt und mit Niello gefüllt. Nur die Ränder und Streifen, worauf sie stehen, und das Bild Christi behielten die Farbe des Silbers, alles Andere ist vergoldet. Die E sind sämmtlich rund, U und V sind gleich und unten winklig, nicht rund; in „Huc" findet sich das kleine h, das auch auf dem silbernen Bernwardskrenz steht. Abkürzungen fehlen; nur in „Corpus" sind O und R zusammengezogen.

Neumann. einer der besten Kenner der Goldschmiedearbeiten des frühen Mittelalters, tritt entschieden für die Echtheit der Patene ein, weil eine wenigstens fünfhundert Jahre alte Tradition sie als Reliquie des heil. Bernward betrachtet und weil nach ihm Technik, Zeichnung und Ikonographie des Ganzen keinen entscheidenden Grund zu Zweifeln bieten. Einen bis dahin noch nicht beachteten Beweis für die Echtheit giebt die in St. Godehard zu Hildesheim aufbewahrte, angeblich 1146 entstandene „Patene des Bischofs Bernhard I." Auch in ihrer Mitte sitzt in einer achtblättrigen Rose auf dem Regenbogen das Bild Christi mit der Inschrift: † Huc spectate u. s. w. Nicht nur der Text, auch die Buchstabenform ist dieselbe, wie auf der Bernwardspatene. Aber auf der Patene Bernhards erhebt der Herr die Rechte zum Rede- oder Segensgestus, und hält er mit der Linken eine Scheibe mit einem Kreuze. Die Worte: „Sic vos moriendo redemi" passen zu diesem Bilde nicht mehr; sie waren für eine Darstellung bestimmt, worin Christus, wie auf der Bernwardspatene, seine Wunden zeigt. Die Inschrift der Patene in St. Godehard ist also eine Kopie der Bernwardspatene. Diese war also in Hildesheim bekannt und hochgeachtet.

Fig. 6. Die Patene des heil. Bernward im Welfenschatz.

Die Zeitgenossen bewunderten besonders einen Kelch, den Bernward aus Krystall verfertigte, und einen andern, zu dem er ein Onyxgefäss verwandte, das Kaiser Otto III. ihm testamentarisch vermacht hatte.

Ueber beide berichtet Thangmar; denn er schreibt: „Bernward beschaffte mit wunderbarer Betriebsamkeit mehrere Kelche, einen aus Onyx, einen andern aus Krystall, dann liess er einen goldenen, der nach öffentlichem Gewichte zwanzig Pfund wog, aus reinstem Golde zum Gebrauche beim Gottesdienste verfertigen."[1])

Jene beiden aus Onyx und Krystall hergestellten Kelche hatten wohl einen silbernen oder goldenen Fuss, während die Kuppe durch einen aus dem Morgenlande gekommenen oder aus dem Alterthum geretteten Becher gebildet ward. Als der heil. Meinwerk in einer Nacht den kostbaren Becher Heinrichs II. zu einem Kelch umwandeln liess, hat er wohl einer werthvollen Kuppe einen Fuss gegeben, wodurch sie die Gestalt eines Messkelches[2])

---

[1]) Vita s. Bernwardi c. 8, Mon. Germ. SS. IV, 761; Krätz II, 38 Anm. 14 und 100 Anm. 83.
[2]) Vita s. Meinwerci c. 182, Mon. Germ. SS. XI, 148. Vgl. Gesta episcoporum Virdunensium c. 12, Mon. Germ. SS. IV, 44 (Madelveus episcopus c. 750) multorum sanctorum reliquias obtinuit et eas cum calice cristallino, opere mirifice sculpto, Virdunum apportavit. Translatio sanguinis Domini c. 7, Mon. Germ. SS. IV, 447* De Corsica insula gloriosissimo imperatori Karolo delata est ampulla una ex lapide onichino, de Salvatoris sanguine plena. Vgl. Annal. Fuld. III. ad an. 872. Mon. Germ. SS. I, 384. Raumer, Hohenstaufen III, 419; Gay, Glossaire I. Cristal, Cristallin; Revue de l'art chrétien 1885 XXVIII (III) p. 265 s. und 1887 XXX (V) p. 449; Mittheilungen der k. k. Centralcommission IX, 9 f.; Zeitschrift für christliche Kunst 1890, III, 329 f. Die Hedwigsgläser; Rohault de Fleury, La Messe IV pl. 300 s. u. s. w.

gewann. Aehnliche Kelche aus kostbaren Steinarten werden im Mittelalter nicht selten erwähnt. Wie hoch man sie damals achtete, erhellt am besten daraus, dass an der goldenen Kanzel, die Heinrich der Heilige im Aachener Münster errichten liess, in aller Naivität eine Untertasse und eine Obertasse aus Krystall eingefügt sind nebst einigen anderen räthselhaften Krystallstücken, die in Form und Stil sehr an die sogen. Figuren des Schachspieles Karls des Grossen in der Sakristei des Domes von Osnabrück erinnern.

Jenen zwanzig Pfund schweren Kelch verfertigte Bernward wohl aus dem von seinem Vorgänger Othwin zu diesem Zwecke hinterlassenen Golde. An den höchsten Festen, besonders um Ostern, liess man aus ihm das Volk mittelst eines Röhrchens das heil. Blut oder den mit letzterem gemischten Wein trinken.[1])

5. Nach Thangmar liess Bernward für die feierlichen Processionen der Domgeistlichkeit auch „Evangelienbücher anfertigen, die von Gold und Edelsteinen schimmerten, ferner Rauchfässer[2]) von ausserordentlichem Preise und Gewicht". Leider hat sich von diesen Rauchfässern nicht einmal eine Zeichnung oder Beschreibung erhalten, von den Bucheinbänden sind nur zwei übrig geblieben, die der Bischof nach St. Michael geschenkt hatte.[3]) Beide sind wichtig zur Kenntniss der bernwardinischen Technik und Epigraphik. Der vordere Deckel des ersteren enthält in der Mitte eine Elfenbeinplatte. In den vier Ecken des breiten, mit Filigran besetzten Rahmens stehen in Silber getriebene Evangelisten-Symbole. Nach Neumann wären wenigstens drei derselben später hier eingefügt worden. Indessen sind jedenfalls die beiden mit einem getriebenen Perlenkranz und einem Nimbus versehenen Symbole (der Mensch und der Löwe) ebenso von einer Hand, wie die beiden anderen, deren Rand ohne solche Perlen, deren Haupt ohne Nimbus blieb. Die beiden letzteren sind alterthümlicher. Das Brustbild des geflügelten Menschen stimmt in Zeichnung und Technik durchaus überein mit den vier Brustbildern von Engeln auf der Rückseite des grösseren Kreuzes in der Kreuzkirche zu Hildesheim; letztere aber sind doch wohl für dies Kreuz um 1200 angefertigt worden. Der Deckel mag also um diese Zeit theilweise erneuert worden sein. Im unteren Theile seines Rahmens steht zwischen den Evangelisten-Symbolen ein kleines Kreuz mit der Figur Christi. Es erinnert ohne Weiteres an das im grossen Bernwardskreuz hinter dem oberen Krystall eingelassene Kreuzchen. Ihm entsprach im oberen Theile des Rahmens ein ähnliches, verloren gegangenes älteres Kleinod. Rings um jene vier Symbole und um jenes Kreuz ziehen sich Filigranfäden hin. Ihre Zeichnung steht zwischen derjenigen des grossen Bernwardskreuzes und der des Kreuzes von Heiningen, ist aber weit gröber. Zwischen das Filigran sind Edelsteine gestellt. Das in der Mitte des Deckels eingelassene Elfenbeinrelief, wohl eine deutsche Kopie eines byzantinischen Vorbildes, zeigt die sehr lang gestreckten Figuren Christi, Mariä und Johannes d. Tf.[4]) In seinem oberen und unteren Rande ist folgende Inschrift eingegraben:

† Sis pia, queso, tuo Bernvvardo trina potestas.

„Sei deinem Bernward gnädig, mächtige Dreifaltigkeit!"

---

[1]) Stimmen aus Maria-Laach XLV, 471 f.
[2]) Nach Abt Theoderich von St. Michael († 1205) verfertigte St. Bernward 3 bis 4 Weihrauchfässer. Ein 1193 in seinem Grabe gefundenes ging im dreissigjährigen Kriege verloren (Krätz II, 38; III, 44 Anm. 81). Ein bei Förster, Denkmale deutscher Bildnerei V, 2 Tafel 3 abgebildetes Weihwassergefäss aus Elfenbein mit den Darstellungen des Leidens und der Auferstehung Christi wird dem heil. Bernward zugeschrieben. B. Jahrbücher LVIII, 171; Käntzeler, Eine Kunstreliquie des X. Jahrhunderts. Nach B. Jahrbüchern XLII, 148 „fertigte" der heil. Bernward „für seinen Schüler Otto III." auch das im Aachener Schatz befindliche Weihwassergefäss aus Elfenbein. Es ist in ganz anderm Stil gearbeitet als das ebenfalls Bernward zugeschriebene Mailänder. Irgend ein Beweis dafür, dass eines jener Gefässe von Bernward stamme, ist nicht beigebracht. Ihr Ursprung um 1000 ist doch kein solcher Beweis! Rohault l. c. V p. 177 s.
[3]) Abbildungen der beiden Deckel des ersten Buches in Beissel, Des heil. Bernward Evangelienbuch, Tafel I und II, Beschreibung und Literatur a. a. O. S. 1 f. Ueber das zweite vgl. Krätz II, 123 f. Ueber beide Neumann, Mittheilungen 144 f.
[4]) In dieser Elfenbeintafel sind neben die Figuren zwei Säulen gestellt, welche einen mit Blättern besetzten Bogen tragen. Aehnliche Bildungen finden sich in der berühmten ottonischen Elfenbeintafel des Museums Cluny zu Paris, auf einem Elfenbeinrelief aus Culemanns Sammlung im Kerstnermuseum zu Hannover, auf dem elfenbeinernen Triptychon der Sammlung Soltykoff bei Labarte, Album pl. 11 u. s. w. Es ist ein weit verbreitetes byzantinisches Motiv.

Auch hier haben wir eckige E, die gleiche Form für V und U, sowie die kleinen Ansätze an der Spitze des A. Es kann nicht zweifelhaft sein, dass die Inschrift unter den Augen Bernwards entstand. Dieselbe Buchstabenform zeigt die am Rande der Rückseite mit beachtenswerthen Abkürzungen in Niello ausgeführte Inschrift:

Hoc opu(s) . eximiu(m) . Bernvvardi . p(rae)sulis . arte.
Factu(m) . cerne . D(eu)s . mater . et . alma . tuu. † [1]

„Dies vorzügliche, durch Bernwards Kunst vollendete Werk sieh gnädig an, o Gott, mit deiner erhabenen Mutter."

Im Innern des Rahmens steht ein aus einer Silberplatte ausgeschnittenes Marienbild. Neben letzterem sind sechs in ähnlicher Weise ausgeschnittene und gravirte Rosetten und vier Buchstaben: O(ra) P(ro) M(e) V(irgo), „Jungfrau, bitte für mich", auf einem Gewebe befestigt. Das Unterkleid der Gottesmutter, die Palme, welche sie in der Linken hält, ihre und des Kindes Hände sind silbern geblieben, ihr Oberkleid und ihr Nimbus sind vergoldet. Wir haben hier eines der ältesten Beispiele der von Theophilus empfohlenen und im späteren Mittelalter so oft mit Glück verwendeten „ausgeschnittenen Arbeit", des opus interrasile.[2]

Dass Bernward weder den vorderen, noch auch den hinteren Deckel seines Evangelienbuches eigenhändig fertigte, erhellt klar aus der im folgenden Kapitel mitzutheilenden Widmungsinschrift des Codex, worin ausdrücklich gesagt wird, der Bischof habe befohlen, dies Buch zu schreiben und seine Schätze (Gold, Silber, Edelsteine, die Elfenbeinplatte und das kleine Kreuz) für dessen Einband zu verwerthen.

Meas, ut cernis, opes superaddere jubens.

„Meine Schätze befahl ich, wie du siehst, zum Einbande zu verwenden."

In einer anderen, ebenso interessanten und empfehlenswerthen Technik ist ein kleineres Evangelienbuch verziert. Sein vorderer Deckel enthält in einem später entstandenen, ziemlich rohen Rahmen ein byzantinisches Elfenbeinrelief mit dem Bilde der Kreuzigung, die Rückseite das aus Email brun ausgeholte Monogramm Bernwards: Bernvvardus epus. Dasselbe ist jedenfalls zu seinen Lebzeiten entstanden, von ihm wenigstens vorgezeichnet, vielleicht selbst ausgeführt worden.

6. Am 7. Juli des Jahres 1005 war Bernward auf der Synode von Dortmund. Die versammelten Bischöfe versprachen sich, jeder der Ueberlebenden wolle beim Tode eines der Anwesenden 300 Arme speisen, 30 Goldstücke als Almosen hergeben und 30 Lichter anzünden. Das Gelöbniss ist kunsthistorisch bemerkenswerth, weil es zeigt, wozu die grossen radförmigen Kronleuchter dienten, die in keiner deutschen Kirche des X. bis XIII. Jahrhunderts fehlten, und die so wohl zur farbenprächtigen Ausstattung der romanischen Basiliken passen. Vielleicht veranlasste es Bernward, für seinen Dom einen grossen, kupfernen, mit Gold und Silber verzierten Radleuchter anzufertigen. Später erhielt auch St. Michael von ihm eine grosse Leuchterkrone.[3] Beide Werke sind verschollen. Verloren ist auch das goldene Marienbild, welches Bernward seiner Schwester Judith schenkte, als diese Aebtissin von Ringelheim wurde.[4] Ebenso sind keinerlei genauere Angaben erhalten über

---

[1] Labarte II, 185 bemerkt dazu: Nous pensons que l'inscription est d'une époque postérieure à saint Bernward. Gerade hier ist doch ein Zweifel an der Echtheit durch die Technik, die Form der Buchstaben und den Inhalt ausgeschlossen.

[2] Kap. 71. Theophilus schliesst dieses Kapitel also: „Auf dieselbe Weise werden Tafeln und Silberleisten auf Büchern mit Bildnissen, Blumen, Thieren und Vögeln gemacht, von denen man einen Theil, nämlich an den Bildnissen die Kronen, die Haare und stellenweise die Gewänder, vergoldet, und der übrige Theil bleibt silbern. Auch macht man Die (ausgeschnittenen) Streifen aus Kupfer... Sie dienen dann zu den Bändern an gemalten Stühlen, an Sesseln und Betten Auch werden die Bücher der Armen damit geschmückt." Ueber solche ausgeschnittenen Metallarbeiten vgl. in den Bonner Jahrbüchern LXXXIV, 143 die guten Bemerkungen von Schnütgen. Zu dem nur theilweise vergoldeten, theilweise silbern gebliebenen Marienbilde bietet das Kreuz von St. Trudpert eine um mehr als zwei Jahrhunderte spätere, aber interessante Parallele. Vgl. Marc. Rosenberg, Das Kreuz von St. Trudpert. Freiburg, Herder 1894 S. 31; S. 8 Nachrichten über alte Nielloarbeiten.

[3] Coronam quoque argento auroque radiantem mirae magnitudinis in facie templi suspendit. Thangmar c. l. c. p. 761. Krätz II, 100 Anm. 85 bezieht diese Stelle irrthümlich auf die Michaelskirche. Anm. 86 handelt von Radleuchter der letzteren.

[4] Lüntzel, Der heil. Bernward, 10 und 55 Anm.

die Tafel, womit er nach dem Brande von 1015 den Hochaltar seiner Domkirche zierte. Der Chronist redet nicht deutlich genug, um erkennen zu lassen, ob Bernward nur die von seinem Vorgänger Tiethard stammende Tafel erneuerte, oder aus Gold, Silber und Gemmen ein ganz neues Werk herstellte.[1])

7. Wieviel Bernward that, um die Gotteshäuser seiner Diözese mit den kostbarsten Kirchengeräthen auszustatten, erhellt am klarsten aus der von ihm verfassten und von Thangmar mitgetheilten Stiftungsurkunde des St. Michaelsklosters.[2]) Der Bischof vermacht in derselben jener Abtei Alles, was er an Ländereien, Gebäuden, Reliquien, Büchern, Silber und Gold hinterlassen werde, mit Ausnahme „der vielen Sachen, welche er dem Altare der heil. Maria in der Domkirche bereits geschenkt habe an goldenen Kronen, Kelchen, Leuchtern, Stoffen und anderen kirchlichen Geräthen." Wenig ist von all seinen Schätzen übrig geblieben. Betrachten wir aber seine heute, nach neunhundert Jahren, noch erhaltenen Goldarbeiten, so muss die Vielseitigkeit der Technik überraschen. Sie beweisen, dass Bernward und seine Arbeiter geübt waren in der feinsten Filigranarbeit und in der ausgesuchtesten Art der Steinfassung, im Graviren und im Nielliren, in Ausschneidearbeit und Anwendung des Maleremails (Email brun). Sie verstanden sich auf Modellirung plastischer Figuren und den Guss. Ein eingehender Vergleich ihrer Arbeiten mit anderen Werken des X. und XI. Jahrhunderts ermöglicht ein allseitiges Urtheil. Es ist wahr, dass die Form des grossen bernwardinischen Kreuzes, des Hauptstückes unter den Goldarbeiten, nichts Neues bietet. Sie ist weit verbreitet und hat sich lange gehalten. Vier Quadrate an den Endpunkten finden sich häufig an solchen Prachtkreuzen, beispielsweise in der Hildesheimer Kreuzkirche an den beiden aus dem XI. Jahrhundert und aus der Zeit um 1200 stammenden Kreuzen, an dem mit Emails verzierten Kreuz von St. Godehard (XIII. Jahrh.), an einem im XI. bis XII. Jahrhundert verfertigten Kreuze des Welfenschatzes dann in Westfalen an Kreuzen zu Telgte bei Münster (X. Jahrh.), in der Johanniskirche zu Herford (X. Jahrh.) und St. Mauriz bei Münster, weiterhin in der Stiftskirche zu Fritzlar (XI. Jahrh.), in Oesterreich an den beiden Kreuzen von Raudnitz und St. Paul aus dem, XII., am Kreuze von St. Trudpert bei Freiburg i. B. (c. 1200), sogar noch am Kreuz von Attendorf in Westfalen (XIII. Jahrh.). Die Endpunkte der Kreuzesarme sind verfeinert im Aachener Lotharkreuz (X. Jahrh.), im Velletrikreuz (c. 1080), in dem das Velletrikreuz nachahmenden Welfenkreuz von c. 1090 und in den vier Prachtkreuzen des X. und XI. Jahrhunderts zu Essen. In diesen reicher profilirten Kreuzen sind an die Stelle der Quadrate Bildungen getreten, welche allmählich aus den schmalen Kreuzesbalken zu deren breiten Endungen überleiten. Weil in ihnen der Umfang des abschliessenden Gliedes kleiner wird, verlieren auch die in seine Mitte gestellten Edelsteine an Grösse. Dagegen gewinnt der in den Durchschnittspunkt der beiden Kreuzesbalken gestellte Edelstein an Bedeutung. Das Ganze wird zu einheitlicherer Wirkung zusammengefasst.

Im Aachener Lotharkreuz, in den Essener Kreuzen, sowie in den nach Neumanns scharfsinnigen Forschungen aus Italien, möglicher Weise aus einer und derselben Werkstätte herrührenden Kreuzen in Velletri und im Welfenschatz sind die Filigranfäden an den Anfängen sowie da, wo sie parallel verlaufen, oft durch bügelförmig über sie gelegte Goldfäden zusammengefasst und fester mit dem Grunde verbunden. Das Bernwardskreuz kennt diesen ebenso nützlichen als hübschen Kunstgriff noch nicht. Es verwendet, wie das Aachener Lotharkreuz, Filigrankügelchen als Ornamente, und schaltet sie gleichwerthig zwischen Perlen und Edelsteine als wechselnde Glieder ein. Es fehlen ihm auch die in Fritzlar und am grossen Kreuz der Hildesheimer Kreuzkirche angebrachten Filigran-

---

[1]) Mon. Germ. SS. IV. 776 Nota a. Die Nachricht steht freilich in einem ziemlich späteren Zusatz zu den Hildesheimer Annalen.

[2]) Thangmar c. 51, Mon. Germ. SS. IV. 780. Eine ähnliche Stelle in der Vita s. Godehardi posterior c. 13. Mon. Germ. SS. XI, 203.

läubchen. Letztere entstehen dadurch, dass eine Anzahl in Bogenform gekrümmter Filigranstücke mit beiden Endpunkten an der Peripherie eines Kreises auf dem Boden angelöthet sind, frei aufsteigen und sich ziemlich hoch über dem Mittelpunkt jenes Kreises in einem Punkte schneiden.

Auffallender Weise findet sich in keiner bernwardinischen Goldarbeit Zellenemail.¹) Wer hätte nicht erwartet, dass gerade Bernward sich für Email cloisonné begeistert hätte! Das war ja die grosse Neuheit jener Zeit! Es tritt noch schüchtern auf am Aachener Lotharkreuz, fast zu entschieden dagegen an den Essener Kreuzen, sowie an den Kreuzen in Velletri und im Welfenschatz. Bernward musste es kennen aus den Schmucksachen der Theophanu, durch den Deckel des Evangelienbuches von Echternach-Gotha, besonders durch die Schatzstücke Egberts, die er in Trier bewundert hatte. Zu seiner Zeit verstanden bereits deutsche Goldschmiede dies Email fast so gut herzustellen wie die Byzantiner.

Gefiel ihm diese Technik nicht? War sie ihm zu schwierig? Konnte er keinen Arbeiter finden, welcher dieselbe beherrschte? Was für eine Antwort man auf diese Fragen geben mag, jedenfalls hat Bernward diesen neuen Kunstzweig nicht in Hildesheim eingebürgert.²) Noch die beiden, mehrfach genannten Kreuze der Hildesheimer Kreuzkirche sind ohne Emails und die Emailplättchen der im Domschatz befindlichen, prachtvollen Krone des heil. Oswald sind wohl sicherlich von auswärts bezogen.³) Hat Bernward auf jene Emails verzichtet, dann liegt keinerlei Grund vor, ihn zum Schüler Egberts oder vielmehr der egbertinischen Künstler zu machen. Er ist den alten Ueberlieferungen seines Landes treuer geblieben, hat mehr festgehalten an den in den bischöflichen Werkstätten von Hildesheim eingebürgerten Fertigkeiten, als man nach Thangmars begeisterten Lobeserhebungen erwarten sollte. Sowohl sein grosses Kreuz, worin er sein bestes Kleinod, jene von Otto erhaltene Reliquie einschloss, für das er eine Kapelle gründete, welche den Keim zur Abtei des heil. Michael bildet, als auch der Einband seines kostbaren Evangeliars, des Meisterwerkes Guntbalds, wozu er laut der Inschrift seine Schätze hergab, bilden die Höhepunkte seiner Goldschmiedekunst. Es sind tüchtige Werke; sie sind sicherlich aller Anerkennung werth, besonders wenn man bedenkt, dass das Kreuz, wenn ich mich so ausdrücken darf, das Werk eines Dilettanten ist, der Einband, die Leistung einer in einer abgelegenen Bischofstadt thätigen Werkstätte. Aber an die höchsten Leistungen der Zeit,

---

¹) „Ein dem XI. Jahrhundert angehörendes Email-Reliquiarium", dessen rohe Technik „mit der Technik jenes im Schatze zu Hildesheim aufbewahrten Kreuzes (?) übereinstimmt, welches dem heil. Bernward zugeschrieben wird", ist in den Mittheilungen der k. k. Centralcommission III, 284 erwähnt. Vielleicht dachte der Schreiber an n. 21 des „Führers durch den Hildesheimer Domschatz." Es steht technisch und zeitlich der von Neumann S. 209 n. 27 beschriebenen „rohen Email-Cassette" des XII. Jahrhunderts sehr nahe. Mit einem Bernwardskreuz hat es keinerlei Aehnlichkeit.

²) Oft wird St. Pantaleon in Köln als Mittelpunkt der Emailtechnik des X. und XI. Jahrhunderts erklärt. Nun aber übergab Bernward 996 sechs von dort berufenen Benedictinern seine Kreuzkapelle, den Anfang der Stiftung von St. Michael (Krätz III, 32). Würden diese nicht die Emailtechnik mitgebracht haben, wenn sie in ihrem Kloster am Rhein in so hoher Blüthe gestanden hätte?

³) Diese Krone ist ein hervorragendes Werk, aber bis jetzt noch nicht nach Gebühr in den kunstgeschichtlichen Werken behandelt. Sie ziert das Haupt eines im XIII. Jahrhundert entstandenen, im XV. aber stark erneuerten Reliquiars. Dem XIII. Jahrhundert gehört der achteckige Unterbau des Reliquiars an. Seine Seiten tragen auf gravirte Gestalten englischer Könige. Ueber dem Unterbau stand ehedem nur eine Kuppel. Ein Goldschmied des XV. Jahrhunderts gab dem Achteck einen Fuss mit gothischer Inschrift und setzte auf die Spitze der Kuppel das in Silber getriebene Haupt des heil. Oswald, dem er eine aus dem X. oder XI. Jahrhundert stammende Votivkrone aufsetzte. Diese Krone ist nicht rund, sondern polygon; denn sie besteht aus acht Platten. Eine derselben ist von jenem Goldschmied neu gemacht worden. Oben auf die ehedem ein bandförmiges Vieleck bildende Krone setzte er vier mit Perlen und Edelsteinen verzierte kleine Aufsätze (Zinken). Vielleicht bestand der ursprüngliche Reif nur aus 8, vielleicht aus 10 oder 12 Abtheilungen. Von den erhaltenen ist die I. III. V. VII mit 11—13 Perlen und Edelsteinen besetzt. In der Mitte einer jeden steht ein grosser Edelstein, rings um denselben sind zwischen kleineren Steinen hier und da Perlen eingefügt. Der Grund ist mit Filigran besetzt. Weit kostbarer sind die II. IV und VI. Jede derselben besteht aus einem Mittelstück und einem Rahmen. Im Rahmen stehen meist abwechselnd 16 Perlen und Edelsteine; in der Mitte bildet 1 Stein mit 4 Perlen ein Kreuz, in den vier Ecken dieses Kreuzes aber ist je ein Plättchen mit prachtvollem Zellenemail angebracht. Den Grund sowohl des Rahmens als der Mitte füllt Filigran, welches viel feiner ist, als dasjenige der vier zuerst beschriebenen Abtheilungen. Die glatten Fassungen aller Steine sind unten durch einen Filigranring umsäumt. Vielleicht ist die Krone ein Geschenk Ottos III. oder Heinrichs II. Wie sie ursprünglich über dem Marienaltare des Domes aufgehängt war, zeigen die auf Tafel IV, V, XVI und XVIII (vgl. XIX) des „Evangelienbuches des heil. Bernward" gegebenen Miniaturen des Guntbald.

z. B. an die wohl aus den besten Werkstätten Deutschlands hervorgegangenen Buchdeckel des Aachener und des Echternach-Gothaer Evangeliars, reichen sie nicht. Ebenso wenig halten sie den Vergleich aus mit Egberts Andreas-Reliquiar. Die Hildesheimer Arbeiten sind Zeugen einer kräftigen Provinzialschule, nicht einer im Glanze ungemessener Reichthümer blühenden kaiserlichen Hofkunst. Weit entfernt, daraus einen Vorwurf machen zu wollen, rechnen wir dies dem heil. Bernward als Verdienst an. In der Beschränkung zeigt sich erst der Meister. Bernward hat mit Recht sich vor Allem bestrebt, eine lebensfähige Kunstthätigkeit in Hildesheim zur Blüthe zu bringen. Er hat darum, wie wir sahen, die Erfahrungen alter Goldschmiede verwendet und in trefflicher Weise verwerthet; er hat, wie wir sehen werden, in ähnlicher Art den Bronzeguss gepflegt, weil auch dieser in seinem Lande seit Langem bekannt war und weil in ihm ein lebenskräftiger Fortschritt sich leicht erzielen liess.

Viertes Kapitel.
Des heil. Bernward Handschriften und Malereien.

Thangmar betont, Bernward sei im Schreiben und Malen sehr erfahren gewesen, derselbe habe an verschiedenen Orten seiner Diözese Schreibstuben errichtet, mit deren Hülfe eine bedeutende Bibliothek zusammengebracht und manche Bücher mit Ziertiteln, Initialen und Miniaturen verzieren lassen.[1]) Der Bischof musste um so entschiedener für Schreibstuben sorgen, weil der Dom im Jahre 1013 durch einen Brand fast seine ganze Bibliothek verloren hatte[2]) und weil in der Diözese manche neue Klöster und Kirchen entstanden. In jedem grösseren Gotteshause aber verlangte schon die Feier der heil. Messe, die Abhaltung des Chordienstes und die Spendung der Sakramente mehrere Bücher. Dass man in der Diözese für bedeutendere Anstalten nicht leicht mit ein paar liturgischen Handschriften sich zufrieden gab, erhellt aus Thangmars Bücherbesitz.[3]) Freilich war er als Scholastikus und Lehrer ein besonderer Freund der Bücher. Es ist aber für jene Zeit doch viel, dass er bei seinem Tode der Abtei des heil. Michael nicht weniger als 55 Codices hinterliess. Man darf wohl aus seiner Privatbibliothek einen Schluss bilden und annehmen, dass doch die Corporationen weit mehr Handschriften hatten. Jedenfalls sind in den verschiedenen Bibliotheken noch manche damals in der Diözese Hildesheim geschriebene Werke erhalten. Doch sind nur mehr die folgenden als Erzeugnisse der bernwardinischen Schreibstuben und als Geschenk des Bischofs an St. Michael bekannt:

1. Die bereits oben (S. 12 f.) erwähnte Arithmetik des Boëthius.[4])
2. Ein einfaches Evangelienbuch.

Es ist jetzt im Domschatz mit n. 13 bezeichnet, hat 0,221 m Höhe und 0,156 m Breite (Deckel 0,17 m breit). Der Einband ward oben (S. 20) beschrieben.[5]) Das Buch hat einfache und alterthümliche Kanontafeln.

---

[1]) c. 1. In scribendo vero adprime enituit, picturam etiam limate exercuit. c. 6. Scriptoria namque non in monasterio tantum sed in diversis locis studebat, unde et copiosam bibliothecam tam divinorum quam philosophicorum codicum comparavit. Picturam vero ... artem ... nunquam neglectum patiebatur.
[2]) Annales Hildeshemienses ad an. 1013; Mon. Germ. SS. III, 94.
[3]) Beelte, Thangmar 10; Lüntzel, Geschichte Hildesheims I, 312.
[4]) Ein „Buch über Alchemie", das Bernward dem Michaelskloster hinterliess, ging 1634 verloren. Krätz III, 11 Anm. 17; Lüntzel, Der heil. Bernward 64 Anm. 6. Sollte das Buch nicht eine Kopie einer der Schriften des arabischen Alchymisten Geber (Giaber) gewesen sein? Vgl. Geschichte der Wissenschaften in Deutschland. Chemie. S. 13 f. Biographie universelle. Paris, Michaud 1816, XVII, 4 s.
[5]) Krätz II, 123 f.; Führer S. 7 n. 13; Beissel, Des heil. Bernward Evangelienbuch 51 f. 56 f. 60 f. 64.

In ihren Säulen stehen Kreise, Trapeze u. s. w. Beim Anfange jedes Evangeliums ist eine farbenreiche, irische Initiale angebracht, auf dem unteren Rande ist (fol. 13, 59, 91 und 144) überdies in blauer Farbe und alterthümlichem Stile ein Evangelist gezeichnet, dessen Kopf nach dem Rücken des Buches gerichtet ist, nicht nach dem oberen Schnitt. Jeder Evangelist schaut auf zu seinem Symbol. Matthäus hat 28, Markus 13, Lukas 21, Johannes 14 Kapitel. Den Schluss des Buches bildet ein Comes.

3. Ein besseres Evangelienbuch, von Guntbald im Jahre 1011 geschrieben, mit Kanontafeln, mit fünf Miniaturen und zwölf reich geschmückten Ziertiteln ausgestattet.

Die Handschrift (Domschatz n. 33) ist 0,292 m hoch, 0,235 m breit und hat 548 Seiten (274 Blätter).

Fol. 1 und 2 leer; 3 bis 8 die gewöhnlichen vier Vorreden zu den Evangelien. Sie beginnen: Plures fuisse, Novum, Ammonius, Sciendum.

Fol. 8 v. bis 15 v. Kanontafeln. Ihre Säulen und Bogen sind in Silber, Gold und Farben ausgeführt. Oben stehen neben den Bogen allerlei Vögel (Pfauen, Störche, Enten, Hähne, Tauben u. s. w.) in Silber und Gold mit rothen Konturen gut und natürlich gemalt.

Fol. 20 v. Unten sitzt der Evangelist Matthäus zwischen zwei Säulen, bärtig, mit emporgehaltener Feder, in hellen Kleidern, worauf goldene Besatzstücke und Streifen gelegt sind. Ueber seinem Haupte ruht auf den Säulen ein Querbalken, der einen Halbkreis trägt, worin das Brustbild des geflügelten Menschen sich von dem grün, dunkel- und hellblau gestreiften Hintergrunde abhebt.

Fol. 21 v. Christus thront bärtig in einer eiförmigen Aureola. Seine Rechte ist zum lateinischen Segensgestus erhoben; die Linke hält das auf seinem Knie ruhende Buch. Um ihn geht ein breiter in 16 Abtheilungen zerlegter Ring. In der 1., 4.. 8. und 12. Abtheilung sind die Symbole der Evangelisten gemalt, in der 3., 7., 11. und 15. Engel, in den übrigen Ornamente.

Fol. 22 r. Erster Ziertitel zum ersten Evangelium mit dem Worte „Liber" in Gold auf Purpur.

Fol. 22 v. Zweiter Ziertitel. In vier Reihen in Goldverschlingungen: gene | rationis | IHV | XPI.

Fol. 23 r. Fortsetzung des Textes des Matthäus-Evangeliums in silbernen Buchstaben auf Purpurgrund.

Fol. 23 v. Text des Matthäus-Evangeliums in einfacher schwarzer Schrift.

In ähnlicher Art finden wir auch vor jedem der drei übrigen Evangelien eine Vorrede, eine Miniatur mit dem Bilde des Evangelisten (fol. 87 v, 132 v und 204), einen ersten Ziertitel mit einer Initiale, einen zweiten mit fünf Reihen Text zwischen Ranken und einen dritten in Silber auf Purpur, dann die Fortsetzung des Textes in üblicher Schrift und Ausstattung. Matthäus hat 27, Markus 13, Lukas 15, Johannes 14 Kapitel. Die Evangelistenbilder zeigen feste Gestalten; sie sind in glänzender, dicker Farbe flott ausgeführt. Wo Weiss lichte Theile aufhöhen soll, ist es dick und mit scharfer Abgrenzung auf die andere Farbe gesetzt. Die Konturen gehen oft in Schattirung über. Jedenfalls greifen diese fünf Miniaturen auf karolingische oder noch ältere Vorbilder zurück.

Am Ende folgt das Verzeichniss der an Sonn- und Festtagen zu verlesenden Evangelien mit 25 Sonntagen nach Pfingsten, 5 vor Weihnachten und einer Vigil vor Allerheiligen. Dieser Comes befolgt also nicht mehr das karolingische Schema, sondern ein jüngeres.

Fol. 269 v steht die von der Hand des Schreibers dieses Codex beigefügte Notiz: Anno heroice nativitatis millesimo undecimo, indict. VIIII, Domino s(e)c(un)do Heinrico sceptris regni praefulgente, Bernvvardo quoq(ue) venerabili Hildeneshemensis eccl(esi)e iure pontificali praesidente Guntbaldus, indignus et peccator, diaconus, hunc librum quatuor evangeliorum p(rae)nominato pontifici D(e)i consummavit.

Fol. 270 in anderer Schrift:
> Hunc ego Bernvvardus codicem conscribere feci
> Atque meas, ut cernis, opes superaddere jubens,
> Dilecto Domini dederam sancto Michaheli.
> Sit anathema Dei, quisquis sibi dempserit illum.

Dann folgt ein Güterverzeichniss der Abtei St. Michael von 1320.[1]

4. Das reiche Evangelienbuch des heil. Bernward, wahrscheinlich nach 1014 von Guntbald, Kanonikus und Diakon der Hildesheimer Kathedrale geschrieben, mit 17 Miniaturen und 5 Ziertiteln ausgestattet (Fig. 7 und 8, folg. Seite).

Da der Verfasser der vorliegenden Schrift die Miniaturen und Ziertitel dieses Buches bei Lax in Hildesheim 1891 in XXVI Lichtdrucktafeln herausgab und eingehend besprach, muss für die Einzelnheiten auf diese Publikation verwiesen werden. Ueber den Einband vgl. oben S. 9.

5. Die Bibel des heil. Bernward.

Grosser Foliant von 0,463 m Höhe und 0,345 m Breite mit 485 Blättern. Das erste Blatt trägt eine ungewöhnlich grosse Miniatur (Tafel V) von 0,395 m Höhe und 0,275 m Breite in gewandter Technik, mit festen dicken Farben wohl von Guntbald und seinen Schülern um 1015 ausgeführt. In ihrer Mitte erhebt sich ein grosses, unten mit einem Stachel versehenes Processionskreuz ohne Christusfigur. Zur Rechten desselben

---

[1] Vgl. über dies Buch Krätz II, 109 f.; Führer S. 16 u. 33.

(links vom Beschauer) steht in einer goldenen Nische ein bartloser Mann. Sein blauer Nimbus ist roth gerändert, sein violetter Mantel mit Weiss gehöht, seine weisse Albe braun schattirt. Er schreibt in sein hoch erhobenes Buch: „In principio creavit D(eu)s coelum et terram. Terra." Da dies der Anfang des I. Buches Moses ist, kann der Schreiber nur Moses selbst sein, nicht Johannes d. Ev., wie Krätz[1]) meinte. Ihm gegenüber sieht man hinter einem mit Weiss, Grün und Blau bemalten Vorhange, in einer zweiten goldenen Nische eine verschleierte Frau in hellgrünem mit Weiss gehöhtem, mit Violett schattirtem Kleide. Ihr grüner Nimbus hat einen rothen Rand. Sie erhebt ihre Hände gleich einer Orante. Aus einem grossen Kreisabschnitt erscheint die segnende Hand Gottes über der Frau, die nur eine Personifikation der Kirche sein kann. So hat man sie auch in Hildesheim im XII. Jahrhundert aufgefasst; denn in einer Miniatur der Beverinischen Bibliothek daselbst[2]) sitzt der Apostel Paulus, den Römerbrief schreibend, genau so vor einer Nische, wie in unserer Miniatur Moses steht. Neben Paulus sehen wir in einer zweiten Nische, hinter einem niedrigen Schranke, eine Frau ihre verhüllten Hände ausstrecken, um den vollendeten Brief des Völkerapostels in Empfang zu

Fig. 7.   Fig. 8.

Ziertitel aus dem reichen Evangelienbuche des heil. Bernward.   Miniatur zum Lukas-Evangelium aus dem Evangelienbuche
Anfang des Matthäus-Evangeliums.   des heil. Bernward.

nehmen. Weil die Miniatur Titelbild zu den Schriften des alten und neuen Bundes ist, stellte Guntbald neben das Kreuz Moses als Vertreter des alten Testamentes und die Kirche als Vertreterin des neuen Bundes.[3]) Um beide Figuren geht ein mit grünen und violetten Trapezen bemalter Mauerring. Hinter ihnen ist der Purpurgrund dunkel gemustert. Um die Mitte des Kreuzes ist der Grund zwischen den Ranken blau oder hellviolett und mit lichten Punkten gefüllt. Im goldenen Kreuze sind unten und oben Punkte eingeprägt.

Der grosse Foliant erhielt bei jedem Buch der heil. Schrift eine Initiale. Meist ist sie in Silber und Gold auf farbigem, durch weisse Punkte belebtem Grunde ausgeführt. Interessant sind einige unvollendete Anfangsbuchstaben, weil sie die Technik der Schreibschule verrathen. So ist fol. 104 eine Initiale nur in rother Kontur angelegt; fol. 116 v hat eine andere um die rothe Kontur schon ihren in helleren und dunkleren Tönen gemusterten Purpurgrund, aber Gold und Silber fehlen noch. Die sehr einfachen Kanontafeln sind immer roth konturirt. Matthäus hat 81, Markus 47, Lukas 79, Johannes 36 Kapitel.

---

[1]) II, 125 f. Vgl. Führer S. 27 u. 61.
[2]) N. 12. Epistola b. Pauli, Saec. XII.
[3]) Im Codex Rossanensis (herausgegeben von O. v. Gebhardt und A. Harnack, Leipzig, Giesecke 1880, Taf. 19) tritt die Kirche zum heil. Markus hin, der sein Evangelium schreibt.

6. **Sakramentar des heil. Bernward** mit einer Miniatur, schönen Ziertiteln, Kopfstücken, reichen Initialen und Gold- oder Silberschrift auf Purpurblättern, von Guntbald zwischen 1014 und 1022 geschrieben und ausgemalt.[1])

Die Handschrift trägt im Hildesheimer Domschatz die Bezeichnung n. 19. Sie hat 0,320 m Höhe, 0,250 m Breite und 245 Blätter.

Fol. 2. Ein im XIII. Jahrhundert in sie eingetragenes Reliquien-Verzeichniss von St. Michael.

Fol. 2 v. Schluss der Präfation: Et ideo cum angelis. Darunter die Verse:

> Contulit hunc librum, divinis usib(us) aptum,
> Presul Bernvvardus, virtutum stemmate fultus,
> Eccl(esia)e ad gazas Michahelis in ordine summi:
> Quo quicu(n)que legat, devoto pectore dicat:
> „Premia p(ro) studii meritis huic Chr(ist)e repende."

Erst fol. 3 v beginnt der alte Text mit einem Ziertitel. Auf einer Leiste steht rechts und links eine Säule, worauf ein reich verzierter Balken ruht. Innerhalb dieser als Rahmen dienenden Architektur ist der Raum in sechs Streifen oder Zeilen eingetheilt. In der Mitte der dritten und vierten Zeile stehen die grossen, verschlungenen Initialen: V(ere) D(ignum), oben in der ersten Zeile die Worte: ET IVSTV(m), in der untersten EST EQVV(m).

Fol. 4 r hat Purpurgrund mit einem in dunklerer Farbe gehaltenen Muster von Löwen, die in vier Kreisen stehen. Auf diesem Grunde ist in dreizehn Linien abwechselnd in Gold und Silber der Rest der Präfation geschrieben.

Fol. 4 v giebt auf Purpurgrund mit vier Streifen aus Blau und Lila den Anfang des Kanon (Tafel VI). Das T des Anfangs ist zu einem Kreuz geworden, neben dem Maria und Johannes stehen. Der zweite Buchstabe also E, ist hinter das Kreuz gestellt. Oben und unten wird der Text fortgesetzt: IGITVR CLEM(en)TISSIME PAT(er).

Fol. 5 bis 8 v. Der Kanon in gewöhnlicher Schrift. Im Communicantes steht zwischen Laurentii und Chrysogoni der Name Emmerami. Nach der Consekration erscheint das Memento für die Lebendigen noch unmittelbar vor dem Memento für die Todten. Im Nobis quoque peccatoribus folgt nach Ignatio: Vito, Justino, im Libera nach Paulo: necnon et beatis martyribus tuis Stephano, Vito, Emmerammo, Justino, Cosma et Damiano et Cantianis. Der Hildesheimer Dom besass seit Langem Reliquien der heil. Cosmas, Damian und Cantius.[2]) Darum sind deren Namen hier genannt. Aber wie kommt der heil. Emmeram in diesen Kanon? Sein Name zeugt jedenfalls für enge Verbindung zwischen Hildesheim und Regensburg. Heben wir aus dem weiteren Texte des Sakramentars das Wichtigere, auch für die Kunstgeschichte Dienliche, aus:

Fol. 9 beginnt das Proprium de Tempore mit der Vigil von Weihnachten in einem Kopfstück auf Purpur.

Fol. 13. Blattgrosser Ziertitel mit der Oratio für Weihnachten. Der Maler hat zuerst einen Rahmen aus vier Streifen gebildet, in demselben den hellen Purpurgrund mit Kreuzchen von dunklerem Purpur gefüllt, dann sechs, oben und unten von Horizontalstreifen eingefasste Linien gebildet. In die setzte er eine grosse, von der ersten bis zur vierten jener Linien reichende Initiale mit Flechtwerk aus Gold und Silber. Den Rest der unteren fünf Linien füllte er mit goldenen, roth umsäumten Kapitalbuchstaben.

Blattgrosse, in ähnlicher Art ausgeführte Ziertitel haben weiterhin der Charsamstag (fol. 85), Ostern (fol. 87), Pfingsten (fol. 100 mit nur zwei Buchstaben D s) und Maria Himmelfahrt (fol. 141).

Unter den Heiligenfesten sind für jene Zeit eigenthümliche Erscheinungen: 4. id. Febr. Natale sce. Scholasticae; 14. Kal. Mart. sce. Julianae virg.; 4. id. Mart. sci. Gregorii pape; 12. Kal. April. sci. Benedicti; 7. Kal. April. sci. Ludgeri; 2. Kal. Jun. sci. Cantii, Cantiani et Cantianille (atque Proti); Non. Jun. sci. Bonifacii mr.; 8. id. Jul. sci. Kyliani; 5. id. Jul. sci. Benedicti; 7. id. August. sci. Donati epi.; 14. Kal. Septemb. sci. Magni mr.; Kal. Octob. sci. Remigii; eodem die sci. Vedasti; 7. id. Octob. sci. Dionysii cum suis; 6. id. Octob. scorum Gereonis atque V(ictoris, Mallusii, Cassii, Florentii cum sociis); 5. id. Octob. scorum Justi, Artemii et Honestae mr.; pridie Kal. Novemb. vigilia omnium Sanctorum; Kal. Nov. In dedicatione aecclesiae nove et altaris; 6 id. Novemb. sci. Willihadi epi.

Das Buch zählt 6 Sonntage nach Theophania, 27 nach Pfingsten und 4 vor Natale Domini. Im Exultet liest man: Una cum papa nostro illo et gloriosissimo imperatore nostro Heinrico necnon et venerabili epo nostro Bernvvardo.[3]) Auf fol. 243 v ist in etwas späterer Schrift eingetragen: Anno dominice incarnationis MXIIII sub Bernvvardo pontifice Guntpold(us) diac(onus) huj(us) libri scriptor claruit.

Das Missale ist demnach nach Ausweis seines Textes für das Kloster des heil. Michael in Hildesheim geschrieben, aber so, dass es alte Feste der Domkirche, sogar ihre Weihe am 1. November[4]) aufnimmt. Ebenso fügt es dem Hildesheimer Kalender eine Reihe süddeutscher, französischer und Kölner Heiligen ein. Dazu kommen noch die bedeutenderen Heiligen des Benediktinerordens. Beachtenswerth sind vor Allem am 10. October

---

[1]) Krätz II, 113; Führer S. 10 n. 19; Beissel, Notes sur d'anciens sacramentaires. II. Sacramentaire de Hildesheim. Le Manuscrit. Paris 1894 Nr. 7; desselben Des heil. Bernward Evangelienbuch S. 6, 59 und 66.

[2]) Krätz II, 162 f. und 247 f.

[3]) Heinrich wurde am 14. Februar 1014 Kaiser; Bernward starb am 20. November 1022.

[4]) Chronicon Hildesheimense c. 4, Mon. Germ. SS. VII, 851.

die Patrone der Kölner Archidiakonalkirchen und Stifte St. Gereon zu Köln, St. Viktor zu Xanten und St. Cassius zu Bonn.

Zwei Richtungen sind in den bernwardinischen Handschriften vertreten; eine ältere und eine jüngere. Der älteren gehört das unter n. 2 angeführte einfache Evangelienbuch an. Es hat noch irische Initialen;[1]) alle weiteren Handschriften werden dem Guntbald zugewiesen. In dem 1011 vollendeten Evangeliar nennt er sich selbst als Schreiber. Im Sakramentar bezeugt eine vielleicht noch im XI. Jahrhundert beigefügte Nachricht, dass es von ihm stamme. Der Text beweist, dass es zwischen 1014 und 1022 entstand. Das reiche Evangeliar und die Bibel stehen stilistisch den beiden durch Inschriften für Guntbald gesicherten Handschriften so nahe, dass auch sie ihm mit Sicherheit zuzuweisen sind. Freilich kann Guntbald diese vier Bücher nicht allein hergestellt haben. Nicht nur ihr Umfang, auch ihre Schriftzeichen fordern mehrere Hände. Er wird vor 1011 der am Dom schon seit Langem bestehenden Schreibstube vorgesetzt worden sein und sie unter Bernwards Augen und Förderung zu hoher Blüthe gebracht haben. Seine vier Bücher sind für St. Michael geschrieben und ausgestattet worden. Zweifelsohne hat er, besonders nach dem Dombrande von 1013, welcher die neben dem Chore aufgestellte Bibliothek vernichtete, vorzüglich für ihre Wiederherstellung gearbeitet. Da das kostbarste Sakramentar untergegangen war, schrieb und malte er jedenfalls eine neue, leider verschollene Prachthandschrift.

Wer war Guntbald, der einzige bekannte Vertreter der bernwardinischen Schreibkunst und Malerei? Die Quellen melden nur, er sei Diakon gewesen. Er wird also eine Diakonatspräbende des Domes besessen haben. Charakteristisch ist für seine Leistungen die ungemessene Freude an Gold, Silber und Farben. Verwendet er doch für die Hintergründe so viele Töne und Muster, wie kaum einer seiner Zeitgenossen. Dann liebt er Rankenwerk, Blumen und Blümchen. Rings um Hildesheim war das Land noch grösstentheils mit kräftigem Urwald bedeckt, in der nächsten Umgegend prangten wasserreiche Thäler im üppigsten Schmuck. In dieser reichen Natur bildete die Bischofsstadt ein stilles Centrum der Kultur. Die Musterungen des Guntbald verrathen uns, dass die Leute, zwischen denen er lebte, auch feine orientalische, in Purpur gefärbte Seidengewebe kannten, aber doch meist farbenreiche Stoffe aus Flachs und Wolle trugen. Dass er seine künstlerische Ausbildung in der Regensburger Diözese gefunden haben muss, erhellt aus drei Gründen: 1) aus dem Ornament, das manchmal an die Malereien jener Gegend erinnert; 2) aus der überraschenden Aehnlichkeit seines reichen Evangelienbuches mit einem aus Regensburg stammenden Evangeliar zu Prag;[2]) 3) aus der bevorzugten Stellung, welche dem heil. Emmeram im Kanon des Missale zugestanden ist. Aus letzterer folgt unmittelbar nur eine Verbindung zwischen den Diözesen Regensburg und Hildesheim. Da aber Bernward talentvolle junge Leute auf seinen Reisen mitnahm, wird er sie auch zur Ausbildung ausgesandt haben. Die Berührungspunkte zwischen der Regensburger und Hildesheimer Kunst erklären sich aber am leichtesten durch die Annahme, Guntbald sei zur Ausbildung dorthin geschickt worden und vor 1011 heimgekehrt, um in der Schreibstube der Diözese zu arbeiten und sie später zu leiten.

Dass Guntbald in Hildesheim unter Bernward eine neue Richtung einschlug, beweist schon der Wechsel in seiner Ikonographie. Stellt er doch, um nur einige besonders auffallende Thatsachen anzuführen, im Evangelienbuche den Gekreuzigten einmal mit einem Colobium, das andere Mal mit einem Lendentuch dar; dem heil. Petrus gibt er einmal den üblichen runden Bart, ein anderes Mal zeichnet er ihn ohne Bart. Auch der Heiland erscheint bei ihm bald mit, bald ohne Bart. Alte Personifikationen der Erde, des Meeres, des Jordans, der Sonne und des Mondes hat er ziemlich frei umgestaltet, z. B. den Jordan bei Christi Taufe, Meer und Erde beim Bilde der Kreuzigung. Guntbald wahrte sich seine

---

[1]) Vorbernwardinisch ist der von mir in „Des heil. Bernward Evangelienbuch" unter A S. 51 f., 56 f., 60 f. und 64 behandelte Codex mit sehr eigenthümlichen Kanontafeln und Miniaturen.

[2]) Ausführlich ist dies dargelegt in „Des heil. Bernward Evangelienbuch", besonders S. 65 f.

Fig. 9.
Fig. 10.

Fig. 11.
Fig. 12.

Fig. 9—16. Acht Miniaturen aus einer Handschrift der Beverinischen Bibliothek zu Hildesheim.

Freiheit. Er hat viele Bilder neu componirt und darin einen reichen Schatz zur Kenntniss Hildesheimer Bauten, Möbel, Geräthe und Stoffe seiner Zeit niedergelegt.

Irgend eine von Bernwards Hand stammende Miniatur ist nicht nachzuweisen. Seine

Fig. 13.

Fig. 14.

Fig. 15.

Fig. 16.

veröffentlicht in der Zeitschrift für christliche Kunst durch F. C. Heiman 1890, III Sp. 143 f.

Handschrift ist uns sowohl im einfacheren Evangelienbuche von 1011, als auch in dem reicheren, in den oben S. 26 mitgetheilten Widmungsversen erhalten.[1]

[1] „Des heil. Bernward Evangelienbuch" Tafel XXVI sind diese Verse photographisch wiedergegeben. Vgl. a. a. O. S. 13.

7. Wie beim Studium der Goldarbeiten Bernwards auffallender Weise kein Zellenemail zu finden war, so fehlt bei der Durchforschung der Miniaturen jede Spur jener feinen Malart, worin zuerst die Handschrift des Kaisers Otto zu Aachen, dann der Codex des Erzbischofs Egbert, weiterhin die Prachthandschriften Ottos und Heinrichs aus Regensburg und Bamberg u. A. ausgeführt sind. Wie sich aber doch auf der Krone des Oswald-Reliquiars mehrere feine Emailtäfelchen finden, so besitzt auch die Beverinische Dombibliothek ein liturgisches Buch, dessen Miniaturen in den Kreis der oben genannten gehören.[1]) Es könnte noch vor Bernwards Tod (1022) vollendet worden sein, aber kein Grund berechtigt zu der Annahme, es habe dem heil. Bischofe gehört, oder sei gar in Hildesheim entstanden. Ein Umstand spricht entschieden dafür, dass es aus Süddeutschland, vielleicht aus St. Gallen gekommen sei. Unter seinen wenigen Heiligenfesten steht nämlich zwischen dem Feste des heil. Michael (29. September) und der Vigil aller Heiligen Natale s. Galli. Kein anderes Hildesheimer Buch des XI. Jahrhunderts, nicht einmal das an Benediktinerheiligen so reiche Sakramentar Bernwards nennt diesen Heiligen. Die Anführung desselben ist um so wichtiger, weil der Name des heil. Benedikt, der in Bernwards Sakramentar sogar zweimal vorkommt (21. März und 3. Juli), in diesem Buche nur am Ende genannt wird, aber hier nachträglich beigefügt worden ist.

8. Nach Thangmar liess Bernward die Wände und die Decke seiner Kathedrale so schön „bemalen", dass dies alte Gotteshaus wie ein neues erschien.[2]) Es lässt sich indessen aus dem Wortlaut des Berichtes nicht klar erkennen, ob es sich nur um einen neuen Anstrich oder um Figurenmalerei handelt. Da die Kirchen jener Zeit so häufig grosse Bildercyklen erhielten und Thangmar, wie wir sahen, Bernwards Sorge für Malereien zugleich mit dessen Bemühungen um Herstellung von Handschriften rühmt, sind eigentliche Wandmalereien nicht ausgeschlossen. Die aussergewöhnlich grosse, breit ausgeführte Miniatur der Bibel zeigt, dass Guntbald sich nicht auf die Miniaturmalerei beschränkt hat. Vielleicht verdankte also der Dom seinem Pinsel eine Reihe von Scenen aus der heil. Schrift.

Fünftes Kapitel.

Des heil. Bernward Bauten.

Feindliche Einfälle der Seeräuber und benachbarter, noch nicht zum Christenthum bekehrter Völker des Nordens zwangen Bernward oft, seine Unterthanen zu vertheidigen. Um sie wirksamer zu schützen, erbaute er zwei Festungen an den am meisten gefährdeten Orten seiner Diözese, zu Wirinholt und Mundburg; in der ersteren errichtete er eine Kapelle zu Ehren des heil. Lambert. Es wird sich wohl nur um Wallburgen mit Palissaden gehandelt haben. Wichtiger war die Befestigung der vor den Mauern seiner bischöflichen Pfalz und seines Domes gelegenen Stadt Hildesheim.

Thangmar schreibt darüber: „Mit der grössten Emsigkeit unternahm er es, unseren heiligen Ort mit einem Mauerring zu umgeben, vertheilte Thürme in dem Umkreis und fing das Werk mit solchem Geschick an, dass man augenscheinlich an Schönheit und Festigkeit

---

[1]) A. a. O. S. 66. Vgl. die acht auf der vorhergehenden Seite gegebenen Miniaturen.

[2]) Vgl. oben S. 23 Anm. 1. c. 8. Exquisita ac lucida pictura tam parietes (ecclesiae), quam laqueria exornabat ut ex veteri novam putares. Mon. Germ. SS. IV, 761. Vgl. c. 8. Quaedam (aedificia) elegantiori scemate, albo ac rubro lapide intermiscens, musiva pictura(!) varia pulcherrimum opus reddidit.

nichts Aehnliches in ganz Sachsen findet..... (Nach seiner Heimkehr aus Italien) betrieb er den ganzen Sommer (des Jahres 1001) hindurch die Erbauung der Stadtmauern, die er zu Hildesheim (vor seiner Abreise) begonnen hatte".[1]

An zwei Stellen betont derselbe Thangmar, dass Bernward „Mosaikarbeiten" anfertigte. Er schreibt: „Ausserdem beschäftigte (der Bischof) sich mit musivischen Arbeiten zum Schmucke der Fussböden; er verfertigte auch Dachziegel nach eigener Erfindung ohne fremde Anweisung.... Die alten Besitzungen seiner Vorgänger, die er unbebaut fand, zierte er durch treffliche Gebäude. Einige derselben schmückte er nach feinerem Muster durch Vermischung rother und weisser Steine mit mannigfachen musivischen Malereien, so dass ein herrliches Werk daraus wurde."[2]) Guntbald hat uns in mehreren Miniaturen des

Fig. 17.

Plan der Stadt Hildesheim aus dem XVIII. Jahrhundert. Vgl. oben Fig. 1.

reichen Evangelienbuches nicht nur die Form der bernwardinischen Dachziegel, sondern auch Muster jener „Mosaiken" erhalten.[3]) Es handelte sich bei letzteren wohl nur um Wechsel rother und weisser Bausteine in den Bogen oder Mauern, sowie um Musterung des Bodens durch Vereinigung von viereckigen und dreieckigen Platten verschiedener Farbe. Einen Wechsel verschiedenfarbiger Bausteine kann man noch heute an manchen Stellen der äusseren Mauern der Michaeliskirche zu Hildesheim deutlich wiederfinden. Ihren Grundstein legte

---

[1]) Vita c. 8 et 27, Mon. Germ. SS. IV, 762 et 771. Vgl. Lüntzel, Der heil. Bernward 20 Anm. 3.

[2]) Vita c. 6. Musivum praeterea in pavimentis ornandis studium, necnon lateres ad tegulam propria industria, nullo monstrante, composuit. c. 8. Antiqua quippe loca ab antecessoribus suis possessa, quae ille inculta reperit, optimis aedificiis collustravit, inter quae quaedam elegantiori scemate, albo ac rubro lapide intermiscens, musiva pictura varia pulcherrimum opus reddidit.

[3]) „Des heil. Bernward Evangelienbuch" bieten Tafel 3, 4, 7, 13, 16 und 17 die Form der Dachpfannen, Tafel 14 zeigt zweierlei Mosaikbelag. Bogen und Mauern, deren Steine in der Farbe wechseln, sind am Rheine im XI. und XII. Jahrhundert nicht selten. Bemerkenswerth ist in dieser Hinsicht das 8. Kapitel des 4. Buches der Gesta abbatum Trudonensium. Continuatio secunda, Mon. Germ. SS. X, 353. Tantum ei (ecclesiae) decoris contulit studium industrii artificis (abbatis Wirici c. an. 1169), ut omnibus in terra nostra, licet operosa varietate splendidius, emineat palatiis. Distinctis enim lapidum decenter ordinibus, nunc albos nunc nigros vicissim operi convenienter inseruit. Dass Bernward Mauern aus verschieden gefärbten Backsteinen ausgeführt habe, wird in Raumers Taschenbuch VIII, 178 nahe gelegt, aber von Lüntzel (Der heil. Bernward 64 Anm. 2) mit Recht bezweifelt. Eher könnte man an glasierte Thonplatten für Fussböden denken.

Bernward bald nach seiner Rückkehr aus Italien. Alte Jahrbücher des Klosters enthalten den orginellen Vers:

„Anno dusent ein
Legte Barward den ersten Stein."

Man verwandte übrigens damals zu einer solchen Feier nicht einen, sondern vier Steine und legte dieselben in Form eines Kreuzes als Anfang des Baues in die Grube oder auf die Fundamente.[1])

Der Plan der Kirche war für die damalige Zeit grossartig; denn er nahm ein östliches und ein westliches Querhaus von je drei Quadraten und zwischen den beiden Querschiffen ein ebenfalls aus drei Quadraten bestehendes Mittelschiff in Aussicht. So erhielt das Gotteshaus zu Ehren der allerheiligsten Dreifaltigkeit und der neun Chöre der Engel drei Schiffe mit dreimal drei Quadraten.

Hätte Bernward nur ein östliches oder nur ein westliches Querschiff vor das Mittelschiff gelegt und letzteres mit einem halbkreisförmigen Chor geschlossen, dann würde man den Grundriss allenfalls als freie Nachahmung von St. Peter und von St. Paul zu Rom ansehen können. Nun aber gab er dem Mittelschiffe zwei Querschiffe und je einen Chor im Osten und im Westen. Ferner stellte er, wie dies auch in dem eben zu Bamberg von Heinrich II. gegründeten Dome, in St. Emmeram zu Regensburg und im Obermünster ebendaselbst der Fall war, den Hauptaltar in das Westchor. Hinter letzterem erbaute er eine Krypta, worin er 1015 einen Marienaltar weihte. Sie war mehrschiffig und überwölbt, denn als er in ihr sein Grab fand, wurde auf einer ihrer Säulen eine Inschrift angebracht. Ihr Eingang scheint oben in der Kirche beim Kreuzaltare gewesen zu sein. Der Boden fiel im Westen stark ab, darum lag sie viel tiefer, als der Boden der Kirche. Das Wort „Krypta" bezeichnete vormals weit mehr einen gewölbten Raum, als, wie dies später Sprachgebrauch wurde, eine gewölbte Unterkirche. Wir brauchen darum nicht anzunehmen, jene Krypta des heil. Bernward habe senkrecht unter seinem Westchor, also innerhalb der Umfassungsmauern dieses Westchores gelegen.[2]) Noch heute findet man die Krypta von Süstern an der Maas unterhalb Maestricht hinter der Apsis des Ostchores. Auch in Werden steht eine Krypta hinter dem Ostchor, obwohl derselbe so erweitert ist, dass das Grab des heil. Ludgerus jetzt unter dem Hochaltare liegt. Ehedem befand es sich hinter den Mauern des alten Chores. Ebenso hat S. Emmeram in Regensburg eine Krypta hinter dem Chore.

Für das Mittelschiff bestimmte Bernward 12 Säulen zwischen 4 kleinen Pfeilern und den 4 grossen Pfeilern der Querschiffe (vgl. den Plan, welcher weiter unten folgen wird). Eigentlich hatte es also 12+4+4 Stützen. Die zwölf Säulen sollten wohl an die Apostel, die vier kleineren Pfeiler vielleicht an die Evangelisten erinnern. 12 Säulen und 4 Pfeiler hatte auch, um nur ältere niedersächsische Bauten zu berücksichtigen, die Abteikirche zu Quedlinburg. In St. Godehard zu Hildesheim ruht das Mittelschiff auf 12 Säulen und 6 (8) Pfeilern wozu im Chore noch 6 Säulen und 4 Pfeiler (also im Ganzen 12 Pfeiler) kommen. (Vgl den Grundriss unten). Nur 12 Pfeiler oder Säulen haben die Kirchen zu Moritzberg be Hildesheim, zu Breitenau, Riechenberg, Hammersleben und St. Maria zu Halberstadt. D ja zwei Evangelisten zugleich Apostel waren, zog man in Hammersleben zwölf Säulen mi zwei Pfeilern vor. Zweifelsohne hatten die zwischen die älteren Säulen gestellten Pfeile einen wichtigen baulichen Zweck. Sie förderten die Haltbarkeit. Aber das Mittelalter ver band gerne symbolische Beziehungen mit praktisch nothwendigen Anlagen. Wegen diese symbolischen Bedeutung legte man in jede Säule Reliquien.[3])

---

[1]) Chronica episcoporum Merseburgensium ad an. 1015, Mon. Germ. SS. X, 176.

[2]) Ueber diese Krypta vgl. Thangmar c. 56 s., über den Kreuzaltar Miracula c. 8, Mon. Germ. SS. IV, 781 und weiter unten das achte Kapitel.

[3]) Thangmar c. 47; Lüntzel, Der heil. Bernward 69 Anm, 1; vgl. Beissel, Die Verehrung der Heilige und ihrer Reliquien in der zweiten Hälfte des Mittelalters, Freiburg Herder 1892, S. 33; Chronicon montis Cassin. III, 3 bei Muratori SS. IV, 449.

Für den Hochbau der beiden Querschiffe war über jedem mittleren Quadrat ein wuchtiger Vierungsthurm vorgesehen, die seitlichen Quadrate sollten getheilt werden; ihre dem Mittelschiff zugewandte Hälfte hatte als Fortsetzung der Seitenschiffe zu dienen, über der anderen, tiefer gelegenen wurden Emporbühnen eingebaut mit merkwürdigen doppelten Säulenstellungen, welche den Anlagen im oberen Geschoss der Aachener Pfalzkapelle, sowie den Westbauten von Essen und von Maria im Kapitol zu Köln ähnlich waren. Der Zutritt zu den vier Emporen wurde durch ebenso viele Treppenthüren vermittelt. Sie beginnen achteckig, nehmen oben runde Formen an und steigen hoch auf über die Giebel der Querschiffe, vor denen sie stehen. St. Michael erhielt somit sechs Thürme, die mächtig über das Kloster und die Stadt ragend, an eine Burg des lebendigen Gottes erinnerten.

Im Innern waren alle Schiffe flach gedeckt; nur die halbkreisförmigen Chorschlüsse erhielten Gewölbe. Die zwölf Säulen des Mittelschiffes, die vier Säulen unter den Emporen trugen einfache Würfelkapitäle ohne plastischen Schmuck. Zwischen diese Kapitäle und

Fig. 18.

Die Kirche des heil. Michael zu Hildesheim im XII. Jahrhundert.

die Bogenanfänge wurden würfelförmige Aufsätze mit sehr feinen und reichen Gesimsen eingeschoben. Nur zwei dieser Kapitäle haben sich im Mittelschiff erhalten, die übrigen sind im XII. oder XIII. Jahrhundert durch reichere ersetzt worden.

Die Seitenschiffe wurden 25 Fuss hoch und breit, das Mittelschiff hatte nur $^1/_5$ mehr: 30 Fuss Breite bei einer Höhe von $56^1/_2$ Fuss, d. i. wenig mehr als die Breite des Mittelschiffes sammt der Breite eines Seitenschiffes ($30 + 25 = 55$). Die Gesammtlänge betrug im ursprünglichen Plane c. 210 (7×30) Fuss, jedes Querschiff hatte mit den Mauern c. 120 (4×30) Fuss.[1]

Nur einen geringen Theil der Kirche vermochte Bernward selbst zu vollenden. In seiner Stiftungsurkunde[2] sagt er darum 1022:

„Zu Ehren und zum Ruhme der treuen Mutter Maria, unter dem besonderen Schutze des heil. Erzengels Michael und aller himmlischen Geister begann ich, mit höchster Aufopferung vor den Mauern der Stadt ein neues Kloster zu erbauen, im Norden unserer Kathedrale. Da ich aber voll Sorge und Furcht bin vor dem

---

[1] Baudenkmäler Niedersachsens I. 22.
[2] Lüntzel a. a. O. S. 93.

Allen verborgenen Ausgang des Lebens, und damit nicht bei der Grösse eines solchen Unternehmens mein Verlangen, etwas zu Gottes Ehre zu vollenden, vielleicht zu sehr verzögert oder nachlässig bethätigt würde, habe ich mich beeilt, in der Nähe jenes Klosters, **nachdem die Fundamente der Kirche selbst schon einigermassen gelegt waren,**[1]) eine sehr schöne Kapelle zu Ehren unsers Herrn und Heilandes Jesu Christi, des heil. und lebenspendenden **Kreuzes,** der allezeit reinen Jungfrau Maria und der Heiligen, die dort ruhen, zu vollenden."

Die in dieser Urkunde erwähnte Kreuzkapelle war schon 996 geweiht worden,[2]) die feierliche Grundsteinlegung von St. Michael aber wird gemeiniglich ins Jahr 1001 verlegt. Steht damit nicht im Widerspruche, dass laut der Urkunde bereits bei Vollendung der Kreuzkapelle die Fundamente der Michaelskirche gelegt waren? Wir müssen entweder annehmen, dass die Stelle nicht wörtlich zu deuten sei, sondern nur besage: „Die ersten Unterhandlungen über die Gründung und den Bau des Klosters und der Kirche des heil. Michael waren bereits 996 eingeleitet", oder aber, dass im Jahre 1001 bei der Feier der Grundsteinlegung schon ein guter Theil der Fundamente vollendet war.

Erst im Jahre 1015 konnte Bernward die „Krypta" seiner Klosterkirche einweihen. Im Jahre 1022 waren die Seitenschiffe und die Mauern des Mittelschiffes bis zur Höhe der Dächer der Seitenschiffe vollendet. Man deckte das Mittelschiff vorläufig ein, und Bernward weihte am 29. September vor dem Westchore (oder im Westchore?) einen Kreuzaltar, welchem er die Reliquien und Schätze jener Kreuzkapelle überwies. Letztere erhielt nun einen Altar zu Ehren des heil. Lambertus, Bischofs von Lüttich, und trug von da an dessen Namen.[3]) Zwischen der Michaelskirche und der Lambertikapelle wurde am 11. November 1022 eine Martinskapelle geweiht. Der 29. September und 11. November wurden zu den Weihen benutzt, weil an diesen Tagen die Feste der Titularpatrone, des heil. Michael und des heil. Martin, gefeiert wurden.

Die Fortsetzung und Vollendung des Baues fällt in die Zeit nach Bernwards Tode, wird darum erst im achten Kapitel zu behandeln sein.

Sechstes Kapitel.

Die Gussarbeiten des heil. Bernward.

1. Das traurigste Ereigniss in Bernwards Leben war der Gandersheimer Streit;[4]) denn er hat ihm das Leben verbittert und seit dem Jahre 1000 ganz Deutschland in Aufregung gebracht. Als Gegner standen ihm keine Geringeren entgegen als Willigis, dem er seine theologische Ausbildung sowie die höheren Weihen verdankte, und Sophia, die zweite Schwester Ottos III. Hier sind die wechselvollen Zwistigkeiten, welche bis tief in die Regierung seines Nachfolgers sich fortsetzten und erst im Jahre 1030 endeten, zu erwähnen, weil sie besonders auf die Herstellung der Christussäule und der ehernen Thüren des Domes mittelbaren Einfluss übten.

Das Kloster Gandersheim war mit Hülfe Altfrieds, des vierten Bischofs von Hildesheim, im Jahre 856 begonnen worden. Dessen Nachfolger Markward führte den Bau der

---

[1]) Heinrich II. sagt in einer Urkunde von 1022 (bei **Lüntzel,** Der heil. Bernward 98): Bernvvardus edificum quoddam Deo in honore sancti Michahelis archangeli a fundamento laboravit, partem etiam pro posse huc usque peractam consecravit.
[2]) **Krátz** III, 31 Anm. 58 und Urkunde S. 87.
[3]) **Krátz** III, 35 Anm. 72.
[4]) Vgl. über den Gandersheimer Streit: Studien und Mittheilungen aus dem Benedictiner- und Cistercienser-Orden 1886 VII, 2 S. 294 f. und 1887 VIII, 65 f.

Gandersheimer Kirche bis zum Dachstuhle; Wiebert, der Nachfolger Markwards, weihte sie im Jahre 881; der folgende Bischof Sehard consekrirte den neuen westlichen Thurm. Thiethard, der neunte Bischof von Hildesheim, weihte in Gandersheim eine Marienkirche, in der die Nonnen zu Bernwards Zeiten ihren Chordienst abhielten. Als aber im Jahre 988 Sophia, Ottos II. und der Theophanu Tochter, den Schleier empfangen sollte, hielt diese Prinzessin es unter ihrer Würde, von Jemand eingekleidet zu werden, welcher nicht das Pallium trüge. Darum hatte sie Willigis, den Reichsverweser, den erprobten Freund und Rathgeber ihrer Familie, gewonnen, sich zur Einkleidung bereit zu erklären. Osdag, der damalige Bischof von Hildesheim, aber liess seinen bischöflichen Stuhl hinter die Rückseite des Altars stellen und vertheidigte so die Rechte seiner Kirche, deren Bischöfe immer volle Jurisdiction über Gandersheim besessen hätten. Zuletzt kam man überein, der Erzbischof und der Bischof sollten die Einkleidung, zu der sich Otto III., Theophanu und viele Grosse des Reiches eingefunden hatten, gemeinsam vornehmen.

Im Jahre 1000 war eine dritte grosse Kirche in Gandersheim so weit vollendet, dass sie geweiht werden sollte. Sophia hatte als Tochter des Kaisers in der Abtei grossen Einfluss gewonnen, war als zukünftige Aebtissin in feste Aussicht genommen und vertrat schon jetzt die erkrankte Oberin in Allem, was sich auf die Kirchweihe bezog. Da nun Bernward sie wiederholt getadelt hatte, dass sie sich öfter und länger am Kaiserhofe aufhalte, als es für eine gottgeweihte Jungfrau sich passe, so zürnte sie ihm, obwohl er doch als Erzieher ihres Bruders, als Vertrauter der Familie und als Bischof ihres Klosters das Recht und die Pflicht hatte, solches zu thun. Sie wandte sich wiederum an den Erzbischof von Mainz und lud diesen ein, zur Weihe herüberzukommen. Bernward erblickte darin eine Beeinträchtigung der Rechte seiner Hildesheimer Kirche, deren Bischöfe bis dahin alle Weihen in Gandersheim vorgenommen hätten, und legte Verwahrung ein. Trotzdem kam Willigis ins Kloster. Er liess sich aber durch den Einspruch des Bischofs von Hildesheim abhalten, die Weihe vorzunehmen. Bernward entschloss sich, um den Streit zu enden, nach Italien zu reisen. Da auch Otto III. dort weilte, wollte er die Sache dem Kaiser und dem Papste zur Entscheidung vorlegen.

Am 2. November des Jahres 1000 verliess er seine Bischofsstadt; am 4. Januar langte er in Rom an. Otto III. kam seinem Lehrer zwei römische Meilen weit, von seinem Palaste auf dem Aventin bis nach St. Peter, entgegen. Als gütiger Wirth sorgte er sogar für die Speisen, welche Bernward in der Heimath liebte, liess ihm Meth und Bier bereiten und versah ihn mit Tafelgeschirr, Bechern, glänzenden Schalen und Tischlichtern. Diese Nachricht[2]) beweist ebenso sehr das grosse Wohlwollen des Kaisers, wie die hohe Cultur jener Zeit. Nur zu oft ist man geneigt, sie nach einigen seltenen, erhaltenen Kirchengeräthen zu beurtheilen, ohne zu bemessen, ob nicht diese Geräthe gewöhnliche Erzeugnisse des damaligen Kunsthandwerks waren, darum weit entfernt sind, die Höhe der damaligen Technik zu bezeichnen und die Pracht einer kaiserlichen Hofhaltung zu verrathen. Legt man zur Beurtheilung des Reichthums der Ottonen ihre Prachtcodices und die zu ihrer Zeit gefertigten Prachtkreuze zu Grunde, dann muss der Glanz ihres Hofes ihrer hohen Stellung als Kaiser des Abendlandes entsprochen haben. Dieser Glanz ist dann aber wieder ein Licht, mit dem sich die „Dunkelheit" des zehnten Jahrhunderts schwer vereinigen lässt.

Der Kaiser empfahl seinen Lehrer dem Papste. Sylvester II. nahm Bernward gnädig auf, berief eine Synode, in der Bernward seine Klagen vorbrachte. Nach Anhörung des Thatbestandes überreichte er ihm den apostolischen Hirtenstab mit den Worten: „Auf das Gandersheimer Kloster mit den benachbarten Ortschaften und Grenzen erneuere ich dein Recht und ich bekräftige es." So war der Streit einstweilen zu Gunsten Hildesheims entschieden.

---

[1]) Wolfher, Vita I s. Godehardi c. 21, Mon. Germ. SS. XI. 181.
[2]) Thangmar, Vita s. Bernwardi c. 19 Codex 2, Mon. Germ. SS. IV, 767 nota b.

Durch die gleiche Ceremonie erkannte auch Willigis Bernwards Recht an, als im Jahre 1007 die Gandersheimer Kirche endlich geweiht ward. In einer friedfertigen Stimmung, die leider nicht lange anhielt, sprach er: „Den Streit, Geliebte, der um unserer Sünden willen so lange dauert, müssen wir heute beilegen und beendigen. Ich erkenne an und weiss, dass diese Kirche und die umliegenden Ortschaften immer den Hildesheimer Bischöfen gehörten und von ihnen ohne Widerspruch besessen wurden. Deshalb, geliebter Bruder und Mitbischof, entsage ich meinem Rechte auf jene Kirche und übergebe dir diesen Bischofsstab, den ich in der Hand halte, vor Christus und unserem königlichen Herrn und unseren Mitbrüdern zum Beweise, dass weder ich, noch einer meiner Nachfolger einen Anspruch oder ein Rückforderungsrecht in dieser Sache haben könne."

Nachdem Bernward sein Hauptgeschäft besorgt hatte, begann er, sich in Rom umzusehen und mit den jungen Künstlern, die er ja auf seinen Reisen mit sich zu nehmen pflegte,[1]) zu überlegen, was er in der Heimath nachahmen könne.

Vor Allem gefielen ihm und seiner Begleitung die beiden Säulen des Trajan und des Marc Aurel[2]), auf deren Schaft die Kriege dieser Kaiser dargestellt sind. Die Kapitäle trugen ursprünglich Statuen der beiden Herrscher. Im Baptisterium des Lateran sah Bernward vielleicht schon die aus den Caracallathermen stammenden Bronzethüren. Sie konnten ihn nicht überraschen, weil er ja an der Aachener Pfalzkapelle im Hauptthor und in beiden Nebenpforten oft die Bronzeflügel gesehen hatte, welche Karl d. Gr. dort hatte aufhängen lassen. Er wusste auch, dass Willigis für seinen neuen Dom durch Beringerus eben neue Bronzethüren giessen liess. Weil er auf dem Aventin wohnte, sah er häufig die freilich nur aus Holz hergestellten, aber mit Scenen aus dem alten und neuen Testamente versehenen Thüren von St. Sabina. Vielleicht haben sie den Vorsatz angeregt, seiner geplanten Michaelskirche eherne, mit Bildwerken verzierte Thürflügel zu schenken.[3])

Wir hörten bereits von Thangmar, Bernward habe versucht, Fussböden in musivischer Arbeit herstellen zu lassen. Wie wird er die mit dem reichsten Marmorschmuck versehenen Böden der römischen Basilika bewundert haben, ihre mit den feinsten Platten bedeckten Wände, ihre Apsiden und Triumphbögen mit den aus goldenem Grunde so grossartig hervortretenden Gestalten Christi, Mariä und seiner Heiligen! Sowohl St. Peter als St. Paul zeigte ihm in einem breiten, vor die Schiffe gelegten Querhause mit dem unmittelbar an dasselbe sich anschliessenden halbkreisförmigen Chore im grossartigsten Massstabe, wie kräftig einfache Bauformen wirken. Vielleicht fand er schon in St. Clemente, in St. Maria in Cosmedin und in St. Prassede zwischen den Säulenreihen Pfeiler; dann lernte er hier die Vortheile kennen, welche ein solcher Stützenwechsel sowohl der Festigkeit, als der Schönheit einer Basilika gewährt.

Ueber Trient war Bernward nach Italien gereist; über Pavia, Vercelli und Martinach kehrte er heim. In St. Maurice wurde er vom Könige Rudolf von Burgund reichlich beschenkt. Dort sah er mit seinen Künstlern den prachtvollen, an hervorragenden Goldsachen so reichen Schatz.

Eine zweite grössere Reise wurde in den Jahren 1006 und 1007 unternommen. Sie erweiterte den Gesichtskreis des kunstsinnigen Mannes. Heinrich II. rief ihn mit seinen Rittern ins königliche Heerlager gegen den Grafen Balduin von Flandern. Da schon im Jahre 1007 ein Frieden abgeschlossen wurde, benutzte der Bischof die Gelegenheit, um eine Reise nach Tours und Paris zu den Gräbern der heil. Martinus und Dionysius zu machen

---

[1]) Thangmar, Vita s. Bernwardi c. 6.

[2]) Diese beiden Säulen werden ausdrücklich in dem Liber de mirabilibus Romae als besondere Merkwürdigkeiten behandelt. Papencordt, Geschichte der Stadt Rom S. 43 und S. 46: Ubi (in palatio Trajani et Hadriani) est column mirae altitudinis et pulchritudinis cum caelatura historiarum horum imperatorum sicut columna Antonini in palatio suo.

[3]) Bertram (Die Thüren von St. Sabina in Rom) führt aus: „Die Sabina - Thüren seien dem heil. Bernwar Vorbild für den Plan und die Composition der Hildesheimer Domthüren gewesen". Grisar (Römische Quartalschrift 189 S. 47 f.) findet dagegen die Aehnlichkeit der Hildesheimer Thürflügel mit den genannten Römischen zu gering, um ein Nachahmung als bewiesen anzusehen.

und auch die französische Kunst kennen zu lernen. Auf seiner Rückreise traf er den König zu Aachen; mit ihm betete er am Grabe Ottos III. Dann reiste er mit Heinrich II. nach Frankfurt, wo die Errichtung des Bisthums Bamberg vollzogen werden sollte, und kehrte von dort nach Hildesheim zurück.

Bernward hatte nun die meisten hervorragenden Dome und Kunstschätze in Deutschland, in der Schweiz und in Italien gesehen. Seine Erfahrungen verwerthete er besonders beim Bau und bei der Ausstattung von St. Michael. Wenn wir aber festhalten, dass er erst 993 Bischof wurde und bis 1022 lebte, werden wir einsehen, dass sie die meisten seiner Arbeiten beeinflusst haben. Liegen doch von seiner Amts-führung nur 7 Jahre vor der Romreise, mehr als dreimal so viele später. Von den erhaltenen Sachen ist nur das Kreuz sicher vor der italienischen Reise entstanden. Die wichtigsten nachher unternommenen Arbeiten sind: die jetzt in der Vorhalle des Domes beim Haupteingange aufgehängten Erzthüren und die im Innern desselben Domes aufgestellte Bronzesäule. Die Bedeutung dieser beiden grossen Stücke wird indessen klarer, wenn wir vorher zwei kleinere Gusswerke behandeln: ein Paar Leuchter (Fig. 20, folg. Seite) und die Krümmung eines Bischofsstabes.

Fig. 19.

Der Dom zu Hildesheim.

2. Die beiden Leuchter[1]) (vgl. Tafel IX) sind 0,43 m hoch und $3^1/_2$ Pfund schwer, einander ähnlich, aber nicht aus derselben Form gegossen. Sie waren ehedem ganz vergoldet. Doch ist die Vergoldung durch den Gebrauch und durch Putzen abgeschliffen und nur in tiefen Stellen erhalten. Ihr Stoff ist 97,23 % Silber und etwas Kupfer (oder Eisen?). Oben an ihrem Kapitäl und unten an ihrem Fusse ist folgende Inschrift in Email angebracht:
BERNWARDVS . PRESVL . CANDELABRVM . HOC . PVERVM . SVVM . PRIMO . HVIVS . ARTIS . FLORE . NON . AVRO . NON . ARGENTO . ET . TAMEN . VT . CERNIS . CONFLARE . IVBEBAT.

„Bernward liess diesen Leuchter durch seinen Schüler (Jünger) im ersten Aufblühen dieser Kunst weder aus Gold, noch aus Silber, sondern so, wie du siehst, giessen."

Die Uebersetzung des Wortes puer durch „Schüler" (Jünger) statt durch „Lehrling" oder „Gehilfen" wird durch die zeitgenössischen Schriften Hildesheimer Geistlichen als richtig gewährleistet.[2]) Vielerlei Deutungen hat man den Worten gegeben: „Nicht aus Gold, nicht aus Silber und doch so, wie du siehst." Man behauptete, bis in Bernwards Zeit sei die Vergoldung auf Silber nicht üblich gewesen; nur in Gold oder in

---

[1]) Die Literatur über die Leuchter ist sehr gross. Ueber ihre Geschichte vgl. besonders Krätz II. 31 f. und III, 44 Anm. 80; Lüntzel, Der heil. Bernward 57 Anm. 1. Ueber die chemische Zusammensetzung und die Inschrift vgl. Kunstgewerbeblatt, N. F. IV, 1893 S. 203 f. und III, 20; Neumann, Mittheilungen des k. k. Museums V. Ueber die Ikonographie Mittheilungen der k. k. Central-Commission V, 309 f. und IV, 47; Didron, Annales XXI, 358 s. und XIX, 59 s.

[2]) Thangmar c. 6. Ingeniosos namque pueros et eximiae indolis secum vel ad curtem deducebat vel quocumque longius commeabat; quos, quicquid dignius in ulla arte occurrebat, ad exercitium impellebat. In der Vita posterior s. Godehardi c. 29, Mon. Germ. SS. XI, 213 ist die Rede von einem puer des heil. Godehard. Derselbe war juvenis illustris, pictoriae artis opifex, vilia ejus vestimenta calciamentaque servabat.

Silber oder in Kupfer sei gearbeitet worden. Indessen hat schon das Aachener Lotharkrenz auf der Rückseite eine vergoldete Silberplatte. Hätte Bernward darauf hinweisen wollen, diese Leuchter, die in Goldglanz dem Beschauer entgegenträten, seien nur vergoldet, so hätte er nicht sagen können: sie sind „nicht aus Gold, nicht aus Silber". Hält man sich an den Wortlaut, dann legt Bernward auf das Giessen den Nachdruck. Sollte er nicht vielleicht ein Mittel gefunden haben, gleich beim Guss die Vergoldung mit dem Silber zu vereinen?

Auch die Worte: „im ersten Aufblühen dieser Kunst" unterlagen vielfacher Deutung. Die Technik des Giessens war in Hildesheim sicher vor Bernward bekannt. Sie kann also nicht gemeint sein. Diese „Kunst" kann sich wohl nur auf die Herstellung „nicht aus Gold, nicht aus Silber, sondern so, wie du siehst" beziehen.

Die einzelnen Figuren der beiden Leuchter sind, wie Didron in seinen Annalen ausführt, gewiss nicht schön gezeichnet oder modellirt. Der Schaft ist zu lang, der mittlere Knauf zu unbedeutend. Aber welcher Fortschritt erscheint doch hier im Vergleich zu den im Ganzen und Grossen ähnlich entworfenen Leuchtern Tassilos im Stifte Kremsmünster (VIII. Jahrhundert).[1]) Letztere sind wenig höher als die Bernwardsleuchter; denn sie steigen zu 0,50 m auf, auch ihr mittlerer Knauf ist ebenso klein, wie der obere und untere. Auch bei ihnen geht eine Spirale um den Ständer und bilden drei Thiere den Fuss. Bernward hat Alles künstlerisch belebt, hat sowohl den Fuss als den oberen Teller in sehr geschickter Art mit dem Ständer vereint und diesen Ständer selbst sehr reich ausgestattet. Auf die Ecken des dreiseitigen Fusses setzte er drei nackte Kobolde, welche auf Drachen reiten, die bösen Mächte der finsteren Unterwelt versinnbildend, die ferne vom Lichte wohnen. Um den Schaft steigen in Spiralwindungen starke, mit Laub und Weintrauben besetzte Stämme auf. Um den Fuss dieser Stämme gehen Löwen einher; höher klettern in den Aesten Menschen herum, welche Trauben pflücken; in der dritten Reihe sind Vögel gebildet, als Bewohner der sonnigen Lüfte, über ihnen sieht man am obersten Knaufe einige Köpfe, welche die Himmelskräfte, Winde oder Engel, sinnbilden dürften. Die fünf Reihen der Figuren sind also dem freundlichen Glanze des Lichtes, das der Ständer tragen soll, um so näher verwandt, je höher sie stehen. Unter dem Lichtteller, der das herabfallende Wachs auffängt, schleichen drei vierfüssige Thiere aus dem Schatten hervor, um neugierig zur Flamme emporzuschauen.

Das Ganze stellt den Kampf zwischen Licht und Finsterniss dar, der auf so vielen Leuchtern des Mittelalters in den verschiedensten Formen wiederkehrt. Christus selbst legte diese Darstellung nahe, indem er sich als das Licht der Welt bezeichnete. Die Kirche sieht in der Osterkerze sein Symbol. Darum sind hier auch die Löwen Bilder des Teufels, der nach der im Completorium Tag um Tag wiederkehrenden Lesung (in der Finsterniss) umhergeht und sucht, wen er verschlinge.

3. Aus gleichem Stoffe wie die Leuchter ist auch die Krümmung eines Bischofsstabes gegossen. In ihr ist der Sündenfall in einer Weise dargestellt, welche sehr an den Stil der Thürflügel erinnert.[2]) Sie wurde im Grabe des 1362 verstorbenen Bischofs Hein-

Fig. 20.

Die Leuchter des heil. Bernward.

---
[1]) Gute Abbildung in den Mittheilungen der k. k. Central-Commission IV, Taf. 2.
[2]) Cahier et Martin, Mélanges d'archéologie IV, 215 f. mit guter Abbildung; Krátz II, 194; Führer durch den Hildesheimer Domschatz n. 7; Labarte, Histoire des arts industriels II, 183 und 280 mit der Bemerkung: Cet ouvrage doit, à cause de sa petite dimension, avoir été plutôt un modèle de crosse qu'une crosse véritable. Sollte der Gegenstand nicht für das Begräbniss des heil. Bernward bestimmt gewesen sein? Auch Grabkelche sind ja meist sehr klein.

rich III. im Jahre 1788 gefunden. Es kann aber keinem Zweifel unterliegen, auch sie stamme aus der bernwardinischen Zeit. Eine schwer lesbare, durch Rost und leichtfertige Reinigung fast unkenntlich gemachte Inschrift scheint den Namen „Eranbaldus Presbyter" zu enthalten. Ist nicht vielleicht Eranbald jener „puer", welcher die Leuchter goss? Er wäre dann Priester geworden und auch noch als solcher in den Werkstätten der Diözese als Kunsthandwerker thätig geblieben. Die Vermuthung ist ansprechend; ein Beweis für ihre Richtigkeit fehlt. Wie die Leuchter, so war auch diese Krümmung ehedem ganz vergoldet. Sie ist 0,11 m hoch und oben 0,06 m breit. Am Knaufe treten die Brustbilder der Paradiesflüsse mit ihren Urnen aus dem Rankenwerk hervor. Auf dem Knaufe reicht Eva dem Adam einen Apfel hin. Er führt einen Zweig zum Munde, woran drei Aepfel hängen. Im Innern der Krümmung steht Adam vor Gott, auf dessen Haupt ein Kreuz liegt. In der Rechten hält der Herr ein Buch, seine Linke ist verweisend gegen den Stammvater erhoben. Drei Ranken gehen unter Adams Armen und zwischen den Knieen durch, zwei andere enden vor Gottes Schultern. Sie sind naive Hülfsmittel, um die Figuren mit dem Kern zu verbinden und den Guss zu erleichtern. (Vergl. Tafel IV.)

Fig. 21.

4. Im Welfenmuseum zu Hannover bewahrt man den Fuss eines Kreuzes, dessen Aufsatz verloren ging. Auch dies Kunstwerk ist durch eine unglückliche Restauration verdorben. Sein in der Grundform quadratischer Untersatz erhebt sich auf vier Füssen. Auf jeder der vier Ecken sitzt ein Evangelist und schreibt die Geschichte des heiligen Kreuzes voll Eifer in sein Buch. In der Mitte stehen zwei Engel, laut der Inschrift ein Seraph und ein Cherub. Sie heben den Deckel vom Grabe Adams, der sich vom Todesschlafe aufrichtet und auf dessen Sarge die Inschrift steht:

ADE MORTE NOVI REDIT ADAE VITA PRI ORI.

„Durch den Tod des neuen Adam kehrt dem ersten Adam das Leben zurück."

Auf dem Rande des Fusses und auf den vier Verbindungsbändern, welche von den Ecken bis zur Mitte gehen, sind Inschriften eingegraben. Sie besingen die symbolischen Beziehungen des Kreuzesholzes zu den vier Weltgegenden. Einen Anhaltspunkt zur Lösung der Frage, ob dies Gusswerk wirklich, wie man erzählt, aus der Werkstätte Bernwards stammt, bieten sie nicht.[1])

Die Erzthür des Domes zu Hildesheim.

5. Die erste grosse Gussarbeit der bernwardinischen Werkstätten sind die am Eingange des Domes aufgehängten ehernen Thürflügel (Fig. 21 bis 30 auf den folgenden Seiten und Tafel X). Jeder Flügel ist 4,71 m hoch, 1,12 m breit und 0,0305 m stark.

---

[1]) Der Fuss wird von Anderen als unterer Theil eines Leuchters angesehen und dem XII. Jahrhundert zugeschrieben. Vgl. Mittheilungen des k. k. Museums V, 146; Katalog des Welfenmuseums 1883 S. 64 n. 35. Die Inschriften sind wohl durch eine Restauration nachgravirt und verdorben worden. Ich konnte nur Folgendes entziffern: Crucis aurea sedes assignans orbem crucis im . . . . . quadriformem Crux victrix Chr(ist)i . . . longe . . . . in celum sursum do minatur et ima deorsum Quatuor . . . . . Ein ähnlicher Fuss war in Münster ausgestellt im Jahre 1879 und dem XII. Jahrhundert zugeschrieben. Photographie der Ausstellung, Münster, Schöningh n. 132. Besitzer: E. von und zur Mühlen.

Fig. 22.

Fig. 23.

Fig. 24.

Fig. 25.

Fig. 26.

Oberer Theil des ersten Thürflügels.

Die Inschrift lautet:
AN(no) DOM(inice) INC(arnationis) M.XV B(ernwardus) EP(iscopus) DIVE MEM(orie) HAS VALVAS FVSILES IN FACIE(m) ANGELICI TE(m)PLI OB MONIM(en)T(um) SVI FEC(it) SVSPENDI.

„Im Jahre 1015 nach der Geburt des Herrn hat Bischof Bernward seligen Andenkens diese gegossenen Thürflügel am Hauptthore des englischen Tempels zu seinem Andenken aufhängen lassen."

Der „englische Tempel" kann nur die Klosterkirche des heil. Michael sein. Aber wie kommen die Thüren an den Dom, und wer hat die Inschrift eingraben lassen? Die Worte: „Bernward seligen Andenkens" führen wenigstens in die Zeit nach seinem Tode (1022). Einige wollen darin eine Andeutung auf seine Heiligsprechung finden, die erst im Jahre 1193 ihren Abschluss fand. Nach den Vertretern dieser Ansicht stimme „divus" mit „heiliggesprochen überein". Aber dann wäre es auffallend, dass der Name des Stifters nur mit dem Anfangsbuchstaben bezeichnet ist. Alwin Schultz geht so weit, zu schreiben: „Auf die Verwerthung dieser Inschrift wird die Kunstgeschichte bestimmt zu verzichten haben."

Einen Aufschluss giebt das Leben des heil. Godehard,[1]) indem es meldet, derselbe habe (vor 1035) die Thüren beim neuen Paradiese der Kathedrale aufhängen lassen. Die Inschrift ist aber jedenfalls entstanden, als die Thüren noch St. Michael gehörten. Für ihre frühe Entstehung sprechen auch die oben geschwänzten A, welche auf Bernwards Werken oft vorkommen. Die Worte „in facie angelici templi" könnte man übersetzen: „an der Fassade" der Michaelskirche. Da aber Thangmar im Leben Bernwards (c. 8) berichtet, sein Schüler habe einen grossen Radleuchter aufhängen lassen in facie templi, „im Mittelschiff" der Kathedrale, wird man auch in unserer Inschrift an das Mittelschiff denken, also übersetzen müssen: „beim Mittelschiff" oder klarer „am Hauptthor".

Die einzelnen Scenen der Thürflügel eingehend zu würdigen und mit ähnlichen Bildwerken gleicher, früherer oder späterer Zeit zu ver-

---

[1]) Vita prior s. Godehardi c. 37, Mon. Germ. SS. XI, 195: Principale nostrum monasterium, cripta quadam in occidentali parte obscuratum, aperuit et valvas, quas dominus Bernwardus conflari fecerat, ibidem **pulcherrime composuit** et ante ipsas paradisum delectabile pulchris porticibus altisque turribus inchoavit, quod decimo tertio (1035) provectionis suae anno consummavit. Hüffer übersetzt: Godehard liess die Thürflügel „aufs Schönste zusammensetzen." A. Schultz bei Dohme S. 42 liest aus der Stelle heraus, „Godehard habe erst die auf Bernwards Geheiss gegossenen Thürflügel zusammensetzen lassen." Componere heisst aber auch einfach: „aufstellen". Jede Thüre ist aus **einem Stück** gegossen.

gleichen, würde zu weit abführen von Bernward und von seinen Kunstgenossen. Beschreiben wir darum kurz A. die 8 Scenen des ersten Thürflügels, welche die Geschichte der Stammeltern und ihrer beiden Söhne schildern, dann B. die 8 Scenen mit Ereignissen aus Christi Leben, welche der zweite Flügel zeigt, endlich C. den Parallelismus zwischen A. und B. Auf die **wichtigeren** älteren Darstellungen, woran sich die Hildesheimer Künstler mittelbar oder unmittelbar anlehnten, kann dann in den Anmerkungen durch einige Worte hingewiesen werden.

Fig. 37.

Fig. 36.

A. 1. Zwischen drei, das Paradies sinnbildenden Bäumen neigt Gott sich herab und vollendet eben aus Lehm die Gestalt Adams (Gen. 2, 7). Oben links (vom Beschauer) sicht ein Engel bewundernd zu (Job 38, 7). Zur Rechten steht der nun belebte Mensch allein im Paradiese (Gen. 2, 8 und 18 f.).[1]

2. Gott führt die Eva dem Manne zu. Beide erheben freudig ihre Arme zur Begrüssung.[2]

3. In der rechten Ecke hat sich die Schlange am Baume der Erkenntniss emporgeringelt. Sie hält einen Apfel im Maul. Eva trägt einen zweiten vor ihrer Brust, reicht einen dritten dem Adam, der seine Linke ausstreckt, ihn zu nehmen, aber in der Rechten schon einen vierten Apfel hält. Hinter ihm sitzt in einem Baume ein geflügelter Drache.[3]

Fig. 35.

[1] Cuno, „Die ehernen Thürflügel am Dome zu Hildesheim", dem wir die obigen Zeichnungen entnehmen, sieht in dieser Scene die Erschaffung der Eva. Die liegende Figur ist aber eine männliche. Auch in der Bibel von St. Paul bei Rom zeigt die erste Scene, wie Gott eben noch die Schulter Adams formt. In der zweiten führt Gott ihn ins Paradies. Der zuschauende Engel findet sich auch in der Viviansbibel. Vgl. Springer, Die Genesisbilder in der Kunst des frühen Mittelalters. Abhandlungen der philosophisch-theologischen Classe der königl. Sächsischen Gesellschaft der Wissenschaften IX, n. 6 S. 684. Leipzig. Hirzel, 1884.

Fig. 34.

INFACIE ANGELO TĒ PLIOBMONMTSVIFECSVSPENDI

[2] Auch in der Bibel von St. Paul streckt Adam der Eva beide Hände entgegen. In der Alkuinsbibel zu Bamberg (Leitschuh, Aus den Schätzen der k. Bibliothek zu Bamberg. Buchner, 1888, Tafel I) legt Adam der Eva die Hand auf die Schulter. In beiden Bibeln führt Gott das Weib so zum Manne, wie auf der Hildesheimer Thür.

Fig. 33.

[3] In der Bibel von St. Paul steht, wie fast in allen Bildern des Sündenfalles, der Baum der Erkenntniss zwischen den Stammeltern. In der Alkuinsbibel zu Bamberg stehen beide, wie auf der Thür, an einer Seite des Baumes.

Beissel, Der heil. Bernward.

Oberer Theil des zweiten Thürflügels.

4. Gott stellt die Stammeltern zur Rede. Wie in der 2. Scene hält er ein Buch. Hier trägt er es mit der Rechten, während er die Linke drohend erhebt. Gebückt und beschämt zeigt Adam auf die hinter ihm stehende Eva; diese weist mit der Linken hin auf einen kleinen Drachen, der sich zwischen ihren Füssen aufrichtet. Der Baum der Erkenntniss fehlt, aber drei andere Bäume sinnbilden das Paradies.[1]

5. Ein Engel vertreibt mit gezücktem Schwerte[2]) die nur mit Feigenblättern bedeckten Stammeltern. Eva schaut sich um und legt zum Zeichen der Trauer die Hand an die Backen. Adam öffnet vor ihr die Thüre in der Thorburg des Paradieses.

Fig. 27.

Fig. 28.

Fig. 29.

Unterer Theil des ersten Thürflügels.

6. Adam trägt einen struppigen Bart, hat ein Tuch um seine Lenden geschlagen und arbeitet mit einer Hacke vor einem Baume, um ihn auszuroden oder rings um ihn her die Erde zu bearbeiten. Vor ihm schwebt ein Engel mit einem Kreuzesstabe und streckt die Hand zum Redegestus aus. In der linken Ecke sitzt Eva, vollständig und gut gekleidet, auf einer Erhöhung zwischen zwei Bäumen unter einem von einem Tuche gebildeten Dache und nährt ein Kind.[3]

7. Das Opfer des ersten Bruderpaares. In der Mitte der Scene erscheint in einer den Himmel sinnbildenden Ellipse und in Wolken (Feuerflammen?) die übergrosse, huldvoll geöffnete Hand Gottes. Sie wendet sich an den zu ihrer Rechten stehenden Abel, welcher sein Lamm mit verhüllten Händen zum Opfer erhebt. Zur Linken und hinter der Hand Gottes bietet Kain mit blossen Händen seine Garbe an. Der Mantel fliegt bei ihm auf, während er bei Abel die Hände bedeckt.

8. Zur Rechten des Beschauers tödtet Kain den Abel mittelst einer Keule. Charakteristisch ist hier, wie der rechte Fuss des Mörders sich gegen eine Erhöhung des Bodens stemmt, um dem letzten Schlage mehr Wucht zu verleihen. Der Mantel flattert wiederum stark bewegt im Winde. Zur Linken steht Kain vor der im Redegestus ohne Nimbus aus Wolken hervortretenden Hand Gottes.[4]

Die eben beschriebenen 8 Scenen des ersten Thürflügels eigneten sich gut für die ihnen bestimmte Stelle:

---

[1]) Im Wesentlichen die gleiche Anordnung in der Alkuinsbibel von Bamberg, nur zeigt sie richtiger statt eines Drachens die Schlange.

[2]) Auch der Zeichner der Bibel von St. Paul hat vergessen, dass Gott den Menschen vor der Vertreibung „Tuniken" aus Fellen machte; Gen. 2, 21. In der Bamberger Alkuinsbibel tragen Beide kurze Röcke. Ebenso im ersten Bilde des Ashburnahm-Pentateuchs (Edited by O. v. Gebhardt, London Asher et Co. 1883 pl. III) und in der Wiener Genesis (Garrucci, Storia III, pl. 112). In der Alkuinsbibel vertreibt, wie auf der Hildesheimer Thüre, ein Engel mit gezücktem Schwert die beiden ersten Menschen. Nur eine kleine Thüre ist in der Wiener Genesis am Ausgange des Gartens gemalt. Der Engel mit dem Schwerte ist Gen. 4, 24 erst nach der Vertreibung erwähnt als Wächter des Baumes des Lebens.

[3]) In Ashburnahm-Pentateuch sitzt Eva unter einem ähnlichen Dache, Adam aber pflügt mit zwei Ochsen. In der Alkuinsbibel zu Bamberg bearbeitet Adam mit einer Hacke die Erde. Eva sitzt in der Ecke auf einem Sessel und hält ihr Kind auf dem Schoosse. In der Bibel von St. Paul nährt sie wiederum das Kind; über ihr erhebt sich ein Schutzdach und Adam bearbeitet die Erde. Beide tragen nur Mäntel aus Fellen. Aehnlich in der Londoner Alkuinsbibel; vgl. Die Trierer Ada-Handschrift S. 76 f. und Tikkanen, Die Genesismosaiken in Venedig. Acta Societatis scientiarum Fennicae XVII, 121 Helsingfor 1889. Der Engel dieser Scene ist schon der dritte, welcher auf der Thüre erscheint, ohne dort den biblischen Bericht gefordert zu sein. Die Thüre war eben für die Kirche des heil. Michael und aller heil. Engel bestimmt.

[4]) Die beiden viereckigen Stücke hinter Kain sind Ausbesserungen. Vielleicht war hier der Guss fehlerhaft. Die doppelte Scene ist in dem 8. Basrelief dargestellt wie in den Mosaiken der Capella palatina zu Monreale. Vgl. Springer, Genesisbilder 90.

die Vorhalle von St. Michael; denn bei ihr befand sich sicher, der Sitte der Zeit entsprechend, ein „Paradies", wozu Scenen aus dem verlorenen Paradies recht wohl passten. Schon bei der Stiftung der Kreuzkapelle hatte Bernward 996 bestimmt, ihr Priester solle das Recht haben, die Taufe und die letzte Oelung zu spenden und zu begraben, nicht aber die Synoden abzuhalten; denn diese „sollten entweder in der Vorhalle, oder auf dem Kirchhofe stattfinden".[1]) Es handelt sich wohl nur um Sendgerichte, auf denen über verschiedene Verbrechen, auch über Mord gerichtet wurde. Sassen die Richter in der Vorhalle von St. Michael, dann gaben die Bilder des ersten Ungehorsams, des ersten Todschlages, des ersten Gerichtes über die Sünden der Menschen einen trefflichen Hintergrund. Auch Geschenke und Abgaben wurden zuweilen in den Vorhallen abgegeben, zu ihnen aber passte die Vorstellung der Opfer Abels und Kains.

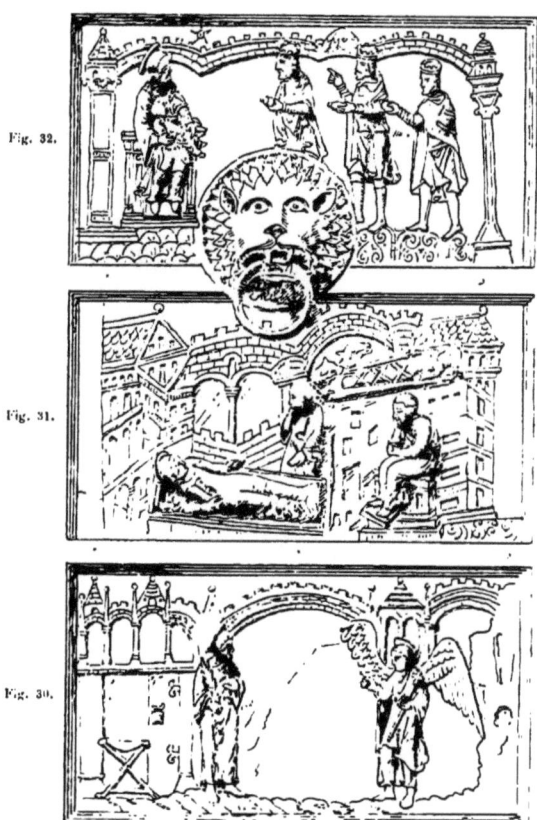

Fig. 32.
Fig. 31.
Fig. 30.

Unterer Theil des zweiten Thürflügels.

B. 9. Der zweite Flügel der Thüren beginnt mit jenem Geheimniss des neuen Bundes, das damals fast stets an die Spitze gesetzt wurde. Da die heil. Schrift sagt, Gabriel sei bei Maria „eingetreten" (Luc. 1, 28), ist wie gewöhnlich ein Innenraum dargestellt. Der Stuhl, von dem Maria eben aufstand, vervollständigt die Andeutung eines Zimmers. Wie auf dem oben S. 20 beschriebenen Buchdeckel trägt Maria einen Zweig (Palme), der Engel hält wie im 6. Relief der Thüre einen Kreuzesstab. Seine Flügel lehnen sich hier nicht, wie auf den meisten bernwardinischen Arbeiten, dicht an den Nimbus an.[2]) Charakteristisch ist für dies Relief ausser dem einfachen Stuhl auch die Thüre mit ihrem Schloss, die schwerlich aus einer älteren Vorlage stammen.

10. Ein solches Weihnachtsbild, wie das hier gegebene, ist nur möglich, wo alte Vorbilder benutzt und verändert sind; liegt doch das Kind hier eigentlich auf dem Dache eines Hauses. Ochs und Esel aber haben ihren Boden verloren. Unterhalb der Krippe sitzt Joseph schlafend, Maria hält ein offenes Buch in der Hand, das „Buch der Weissagungen", deren Erfüllung sie sieht. Sie liegt unten auf einem Bette, zu dessen Füssen eine Dienerin steht.[3])

11. Die drei Könige kommen zur thronenden Gottesmutter. Sie tragen, wie auf den meisten alten Bildern, kurze Kleider, auf dem Haupte aber Mauerkronen und in der Hand eiförmige Büchsen. Ein weiterer Gegensatz zu älteren Bildern liegt darin, dass sie langsam einherschreiten, obwohl noch heute das römische Brevier in einer

---

[1]) Thangmar, Vita s. Bernwardi c. 10; Lüntzel, Der heil. Bernward S. 93, Urkunde n. 2.

[2]) Man vergleiche in „Des heil. Bernward Evangelienbuch" Tafel II (den Buchdeckel) und Tafel XVII (die Verkündigung) mit diesem 9. Relief und wird erkennen, dass der Meister des Deckels ikonographisch dem Giesser der Thur nahe steht, der Miniator dagegen ganz andere Wege geht.

[3]) Eine ähnliche Dienerin steht auf der Darmstädter Elfenbeintafel des XI. Jahrhunderts zu Häupten der Gottesgebärerin (Noack, Die Geburt Christi, Tafel II 2 S. 4), ebenso im Benedictionale sci Aethelwoldi. (Rohault de Fleury, La s. Vierge, pl. XIV, Paris, Poussielgue, 1878.) Die Dienerin ist wohl im Anschluss an die in den Apokryphen und auf griechischen Werken so oft erscheinenden beiden Hebammen hier dargestellt.

Antiphon sagt: „Es eilen herbei mit ihren Geschenken die Könige." Einer der Könige zeigt zum Stern empor. Um Wechsel zu erhalten, lässt der Künstler zwei Könige ihre Geschenke mit der linken Hand anbieten, nur einer hält sie in der Rechten. Marie sitzt zwar auf einem Throne, hat aber nichts von steifer „byzantinischer" Hoheit, sondern empfängt die Kommenden recht liebevoll und herablassend.[1]

12. Die Darstellung im Tempel. Maria reicht das Kind dem Simeon; hinter ihr hält Joseph zwei Tauben hin, den Lösepreis für seinen göttlichen Sohn. Hinter Simeon erscheint der Tempel. Die Vorhänge seines Einganges sind geöffnet und man sieht den Altar. Offenbar ist dies Gebäude einer älteren Vorlage entlehnt und zwar einer italienischen; denn im kalten Norden schloss man die Thüren nicht mit Vorhängen.[2]

13. Jesus wird von zwei Knechten dem Pilatus vorgeführt. Der Landpfleger ist dargestellt wie die deutschen Könige im XII. und XIII. Jahrhundert auf ihren Majestätssiegeln erscheinen. Ein als Kröte gebildeter Teufel sagt ihm den ungerechten Urtheilsspruch ins Ohr; denn der Richter erhebt die Hand zum Redegestus. Hinter ihm ist ein Knappe so gezeichnet, wie wir auf vielen karolingischen und ottonischen Miniaturen die Schildträger des Kaisers finden. Auffallender Weise erhebt dieser Knappe hier seine Hand, wohl um Jesum zu verspotten. Auf die Kuppeln der Gebäude hat der Giesser hier, wie bei den Fassaden in der 12. und 15. Scene, ein Kreuz gestellt. Sonst endet er Kuppeln und Giebel mit Kugeln, nicht, wie viele Miniaturen des X. und XI. Jahrhunderts thun, in zwei sich schneidenden Balkenköpfen.

14. Der Heiland hängt mit vier Nägeln an einem nicht geglätteten Kreuze, er ist nur mit dem Lendentuche bekleidet. Zu seiner Rechten stehen Longinus und Maria. Letztere trägt wiederum ein Buch und legt trauernd die Hand an ihre Wangen. Zur Linken erscheinen der Schwammträger und Johannes.

15. Die drei Marien nahen sich einem grossen Engel, welcher nicht auf einem Steine, sondern auf einem Throne vor dem als Kirche gebildeten heil. Grabe sitzt.

16. Zwei der „Myrophoren" haben sich entfernt. Magdalena ist geblieben. Ihr erscheint vor dem jetzt anders gebildeten Grabe der Erstandene, nicht als Gärtner, sondern mit dem Kreuzesstabe. Sie fällt vor ihm hin, um seine Füsse zu umfassen. Die Bäume rechts und links zeigen, dass die Scene im Garten vor sich ging, die Adler (und Phönixe?) sind Symbole der Auferstehung.[3]

    G. Förster[4]) schliesst seine Besprechung der bernwardinischen Thüren also: „Die mitgetheilten Proben lassen erkennen, dass der Künstler von einer Motivirung in der Darstellung so wenig Begriff gehabt hat, dass er gewiss oft (wie z. B. bei der Verkündigung, der Geburt etc.) gerade das Gegentheil von dem, was er wollte, ausgedrückt hat. Von Formkenntniss und Stil kann keine Rede sein, so wenig als von irgend einer künstlerischen Anordnung." Sehen wir ab von allen anderen Vorwürfen, um nur die „künstlerische Anordnung" zu erwägen. Schon oben ist gezeigt, wie sehr die Scenen aus der Genesis zu einer Vorhalle passen. Die dem neuen Testament entlehnten Bilder stellen zur Hälfte Christi Jugendleben (Weihnachtscyklus) dar, zur Hälfte die in der Charwoche und um Ostern gefeierten Geheimnisse, entsprachen also ganz offenbar den höchsten Festen der Kirche. Vielfach ist überdies von den verschiedensten Seiten der geistreiche Zusammenhang zwischen beiden Thürflügeln hervorgehoben worden.[5]) Dass Bernward einen Parallelismus bezweckte, kann angesichts zahlloser Werke des Mittelalters, besonders der vor und nach seiner Zeit entstandenen Thüren von St. Sabina in Rom und St. Zeno[6]) in Verona, nicht

---

[1]) Man vergleiche wiederum mit diesem Epiphaniebilde die VI. Tafel in „Des heil. Bernward Evangelienbuch". Es weht doch ein frischerer Geist in den Compositionen des Erzgiessers! Aehnlichkeit mit der Darstellung der Epiphanie auf der Thüre haben die Elfenbeinreliefs an den beiden Tragaltären zu Melk in Oesterreich aus dem XI. und XII. Jahrhundert. Mittheilungen der k. k. Central-Commission XV, S. XXX f. Tafel I und II.

[2]) Ein ähnlicher Tempel im Ashburnham-Pentateuch Tafel 19, vgl. Tafel 18. Die Architekturen der Hildesheimer Thüren erinnern überhaupt sehr an jene dieses Ashburnham-Codex, doch sind sie frei umgezeichnet, oft freilich anscheinend ohne architektonisches Verständniss, weil eben die Gesetze der Perspective noch unbekannt waren. Auch der Utrechter Psalter hat ähnliche Bauten. Vgl. Revue de l'art chrétien N. S. XXVII, 15. Vgl. übrigens auch die Miniatur des XI. Jahrhunderts aus dem Codex Bibl. nat. Paris 9448 bei Rohault de Fleury, La s. Vierge pl. 32.

[3]) Vgl. „Des heil. Bernward Evangelienbuch" Tafel XIII. Aehnliche Vögel in Bäumen sind auf der Rotula vor Kremsmünster als Sinnbilder der Auferstehung inschriftlich bezeugt. Revue de l'art chrétien XXVI, N. S. pl. zu S. 380. Schon auf der Elfenbeintafel des V. oder VI. Jahrhunderts zu München erhebt sich hinter dem heil. Grabe ein Baum, in dem Vögel sitzen. Mittheilungen der k. k. Central-Commission VII, 85 f. Vgl. Garrucci, Storia I, 179 s. und 192.

[4]) Denkmale deutscher Bildnerei und Malerei II.

[5]) Zuerst in Augusti, Denkwürdigkeiten XII, 380 f., dann in den „Stimmen aus Maria-Laach" XXVIII, 356 bei Cuno, „Die ehernen Thürflügel" S. 14 f., am eingehendsten vom hochw. Bischofe W. Sommerwerck, gen. Jacobi „Der heil. Bernward" S. 23 f. Scenen des alten und neuen Bundes als Typen und Antitypen zu malen, war schon in karolingischer Zeit so gebräuchlich, dass zu Ingelheim sogar die Geschichte der heidnischen und christlichen Könige in Bildern einander gegenübergestellt wurde. Vgl. Aachener Geschichtsverein 1889 XI, 219.

[6]) Zeitschrift für christl. Kunst 1892, Sp. 348 f.

bezweifelt werden. Auf der Hand liegen die Beziehungen zwischen der 3. und 14. Scene: dem Sündenfall und dem Kreuzestode Christi, die nicht zufällig neben einander stehen (Röm. 5, 15 f.). Klar ist auch die Wechselbeziehung zwischen den beiden obersten Scenen 1 und 16: der Erschaffung des ersten Menschen im Paradiese und der Auferstehung des zweiten Adam im Garten. Unverkennbar ist weiterhin der Zusammenhang zwischen dem 4. und 13. Basrelief, worin Gott die schuldigen Stammeltern verurtheilt, Pilatus aber Christum, den Herrn. Auch die 2. und 15. Scene: die erste Begegnung und Begrüssung der Stammeltern und der Empfang der Myrophoren durch den Engel, sowie die 5. und 12.: die Verweisung der Stammeltern aus dem Paradiese und der Eintritt Christi in den Tempel, sind sicher Parallelbilder. Bei den übrigen (6 und 11, 7 und 10, 8 und 9) bleibt es immerhin möglich, dass Bernwards erste Absicht war, die wichtigsten Scenen aus dem Anfange der Genesis und aus dem damaligen Festkreis der Kirche neben einander zu stellen, ohne in jedem Falle daran zu denken, einen Typus und Antitypus zu bieten.

Ob er bei Bildung der beiden Löwenköpfe noch an die alte Symbolik[1]) derselben dachte und an den Zusammenhang mit den Löwen, welche damals und noch lange nachher vor die Portale der italienischen Dome gestellt wurden, oder ob er sie nur anbrachte, weil die Sitte es verlangte, wird schwer zu entscheiden sein. Ursprünglich fanden Löwen an den Thüren ihren Platz als Wächter des Heiligthums. Die Köpfe haben sicher keine Beziehung zu den vier Reliefs, zwischen denen sie stehen; denn ihre Höhe war bestimmt durch den Zweck des Ringes, den sie im Rachen tragen und der ja dazu diente, die Thür zu handhaben: zu öffnen und zu schliessen. Er musste so hoch liegen, dass ein Mann ihn bequem fassen und an ihm ziehen konnte.

Fig. 38.

Die Christussäule des heil. Bernward.

6. Das zweite grosse Gusswerk Bernwards ist die „Christussäule."[2]) (vgl. Tafel IX). Ursprünglich stand sie hinter dem Kreuzaltar von St. Michael. Ob sie schon in der 996 geweihten Kreuzkapelle sich befand und 1022 in jene Kirche übertragen, oder kurz vor 1022 gegossen wurde, ist unbekannt. Jedenfalls wird sie erst nach der italienischen Reise, also nach dem Jahre 1000, entworfen worden sein.

Vielerlei Rücksichten konnten zur Herstellung eines solchen Denkmals anregen. Zuerst schon nationale. Waren doch die alten Sachsen gewohnt, Baumstämme von beträchtlicher Höhe zu errichten und als „Irminsul", d. h. nach der Erklärung eines Schriftstellers des IX. Jahrhunderts als „Weltsäule, welche Alles trage",[3]) zu verehren.

Bekannt ist, dass Karl d. Gr. eine der angesehensten Irmensäulen umstürzte. Im Hildesheimer Dome steht noch heute eine sogen. Irmensäule aus Kalksinter, eine andere erhob sich im Mittelschiff von St. Michael. Bischof Benno von Oldenburg soll sie dem heil. Bernward geschenkt haben.[4]) Die Säule des Domes trug ehedem eine Kerze und diente wohl früher als Osterleuchter. In Italien sieht man nicht selten grosse Leuchter, auf welche um Ostern die hohe, am Charsamstag geweihte Kerze gestellt wird.[5])

---

[1]) Vgl. über die Symbolik dieser Köpfe die „Stimmen aus Maria-Laach" XXIV, 166 f.; über deren Stil Bonner Jahrbücher LXVII, 163 f.
[2]) Ueber diese Säule vgl. Krätz II, 59 f. und besonders die treffliche Monographie Wieckers: „Die Christussäule etc."
[3]) Translatio s. Alexandri c. 3, Mon. Germ. SS. II, 676.
[4]) Krätz II, 91 f.; Mittheilungen der k. k. Central-Commission X, S. XXXVIII.
[5]) In St. Paul vor den Thoren Roms steht im Querschiff eine hohe, aus dem XI. oder XII. Jahrhundert stammende Marmorsäule. Um ihren Fuss halten vier Frauen je ein Paar phantastischer, an Löwen und Widder erinnernder Thiere. Der

Gewöhnlich wird angenommen, Bernward sei bei seinem Aufenthalte zu Rom durch die Trajanssäule zu der Idee gekommen, eine ähnliche Säule für Hildesheim zu fertigen. Dass für ihn die Trajanssäule Veranlassung wurde, seiner Säule ihre eigenthümliche Form zu geben, d. h. sie mit Basreliefs zu zieren, welche spiralförmig an ihr hinaufziehen, dürfte sicher sein. Ob aber die nicht aus Erz, sondern aus Marmor bestehende Säule Trajans auch den ersten Gedanken anregte, überhaupt ein ähnliches Werk zu entwerfen, ist weniger sicher. Vielleicht hatte der Bischof von der Säule gehört, welche Konstantin in Konstantinopel errichtete und auf deren Kapitäl er seine Bildsäule stellte. Auf das Haupt seiner Statue befestigte der Kaiser dann nach der Ueberlieferung einen der Nägel, womit Christus gekreuzigt worden war.[1]) Wahrscheinlicher ist noch, dass Bernward in Italien, Frankreich und selbst in Deutschland mit Bildwerken verzierte Säulen sah, welche als Untersatz dienten für die Osterkerze oder für das hinter dem Kreuzaltar stehende Kreuz, aus dem sich später das hoch oben auf einem Balken aufgestellte und zuletzt aufgehängte Triumphkreuz entwickelte. Selbst Altarbaldachine dürften hier und da auf vier figurirten Säulen geruht haben.[2])

Die Idee, eine Säule zu errichten, worauf ein Kreuz, wohl an Festtagen das vom bischöflichen Künstler vollendete, gestellt werden sollte, lag also nahe. Ein kühner Entschluss war es, sie aus Erz giessen zu wollen, kühner noch, sie mit Bildwerken und zwar mit so vielen zu versehen.

Das Kreuz, welches gewöhnlich auf der Säule stand, ist verschwunden; ihr Kapitäl wurde 1650 auf Befehl des Bürgermeisters der Stadt Hildesheim ohne Wissen der Mönche von St. Michael weggenommen und zum Glockenguss verwandt. Leider steht nicht fest, ob und inwieweit das jetzige eine treue Kopie des früheren ist. Die Säule beginnt mit einer viereckigen Platte, auf deren Ecken die Personifikationen der Paradiesesflüsse mit ihren Urnen sassen. Nur eines dieser Figürchen ist unverletzt geblieben. Zwischen ihnen ruht der Schaft auf einer attischen Basis. Wie auf der aus Marmorblöcken bestehenden Trajanssäule zu Rom, sind die Reliefs der bernwardinischen Säule halb erhaben und mit vielen Figuren gefüllt. Da aber die Hildesheimer Künstler auf den acht Windungen des nur etwa vier Meter hohen Säulenschaftes vierundzwanzig Geschichten[3]) in achtundzwanzig Scenen darzustellen unternahmen, überdies nach der Sitte des X. und XI. Jahrhunderts den Heiland von den übrigen Menschen zu trennen und in grösserer Gestalt den Andern gegenüberzustellen liebten, wurden sie gezwungen, die Personen ihrer Gruppen enge zusammenzudrängen, dicht an die Gebäude zu rücken und oft eine Volksmenge oder die Schaar der Apostel und Jünger durch einen Haufen von Köpfen anzudeuten. Ihrer Zeit war das feine Gefühl der Alten abhanden gekommen, welche selbst eine Menge personificirten und durch Eine Gestalt sinnbildeten. Das Gruppensystem brachte den weiteren Uebelstand, dass die Figuren der obersten Reihe für Jemanden, der nur gewöhnliche Sehkraft besitzt, nicht mehr zu unterscheiden und zu erkennen sind. Die Säule schildert folgende Geschichten:

Schaft zerfällt in fünf Abtheilungen und zeigt 1) zwischen vier phantastischen Thieren einen nackten Mann (Daniel?), 2) Christi Gefangennehmung und Verspottung, 3) die Händewaschung des Pilatus, d. h. die Verurtheilung Christi und seinen Kreuzestod, 4) das Grab Christi und die Himmelfahrt, 5) Laubwerk mit kleinen Thieren. Oben tragen 6) acht Thiere das Kapitäl. Die Inschrift lässt keinen Zweifel über die Bestimmung der Säule:

Arbor poma gerit; arbor ego lumina gesto.
Porto libamina, nuntio gaudia, sed die festo.
Surrexit Christus, nam talia munera praesto.

Die letzte Zeile habe ich nicht ganz entziffern können. In St. Clemente zu Rom steht ein grosser Osterleuchter neben dem Ambo. Säulenartige Osterleuchter sieht man oft in den alten italienischen Exultet-Rollen, vgl. z. B. Seroux d'Agincourt V Peintures pl. 54 s.

[1]) Floss, Geschichtliche Nachrichten über die Aachener Heiligthümer. Bonn, Markus 1855 S. 39 f.

[2]) Vielleicht schon im XI. Jahrhundert entstanden die vier Marmorsäulen des Ciborienaltars in St. Marco zu Venedig, welche sehr an die Hildesheimer Christussäule erinnern. Auf der ersten ist das Leben Joachims, Annas und Marias bis zu ihrer Verlobung geschildert; auf der zweiten die Geschichte Christi von der Verkündigung bis zur Brodvermehrung. Die dritte setzt die Geschichte des Heilandes fort. Die vierte beginnt mit dem Einzug in Jerusalem und endet mit dem Sitzer Christi in der Glorie des Himmels. Jede Säule hat neun horizontale Bilderreihen mit Inschriften. Vgl. Pasini, Guide de la basilique St. Marc à Venise. Schio. 1888 pag. 176 f. Abbildung der vierten Säule bei Garrucci, Storia tav. 496 s.

[3]) Wie die Säule in ihren 8 Windungen 3×8 Scenen hat, so bieten die Thürflügel 2×8 Felder.

1. **Die Taufe Christi.** Eine Personifikation des Jordans hält eine Urne, durch die das Wasser fliesst. Im katholischen Baptisterium zu Ravenna beim Dome erhebt sich die Gestalt des Jordans mitten aus den Wassern. So stellte der Künstler des heil. Bernward ihn in den Fluss, nicht an dessen Quelle, gab ihm aber eine Urne, weil sie zum Kennzeichen der Personifikation der Flüsse geworden war. Der Täufer steht im Flusse (oder am andern Ufer?) und legt die Hand aufs Haupt Christi. Der Heiland ist bis zur Brust untergetaucht; über ihn steigt die Taube herab; zu seiner Rechten hält eine Person seine Kleider. Da sie einen Nimbus trägt und fast auf allen älteren Bildern der Taufe Engel die Kleider halten, kann sie nur einen Engel darstellen, dem aber die Flügel fehlen.[1]) Das Wasser des Jordans geht bis an den Anfang der Säule und stellt sich so in Beziehung zu dem auf der Plinthe angedeuteten Wasser der Paradiesesflüsse.

2. **Die erste Versuchung Christi.** Während Christus in der 1. Scene bartlos war, ist er hier bärtig und hält er, wie fast auf allen Bildern dieser Säule, ein grosses Buch. Er wendet sich ab vom Teufel, einer kleinen, nackten Zwerggestalt, die zu ihm redet, und erhebt zum Zeichen des Abscheues die Rechte. Oben sieht man drei Steine, welche der Herr in Brode verwandeln sollte. Der Bericht über die Versuchungen Christi, Matth. 4, 1 f., diente bereits zur Zeit des heil. Bernward als Evangelium des 1. Fastensonntags.

3. **Die Berufung des ersten Brüderpaares**, des Petrus und Andreas. Matth. 4, 18.

4. **Die Berufung des zweiten Brüderpaares**, des Jakobus und Johannes, während sie mit ihrem Vater Zebedäus im Schiffe sitzen. Matth. 4, 21. In beiden Scenen endet der Nachen vorne in einem Thierkopf.[2]) Die eigenthümliche Stellung Christi in der 4. Scene soll vielleicht dem Texte des Evangeliums gerecht werden, der sagt, Christus sei „weitergegangen" und habe dann die Söhne des Zebedäus gefunden. Beachtung verdient der Wechsel, welchen der Künstler in die beiden Scenen durch Aenderung der Handbewegung brachte.

5. **Die Hochzeit von Kana.** Joh. 2, 1 f. Perikope des 2. Sonntags nach Epiphanie. Der Hochzeitstisch ruht auf acht Stützen, von denen die vier vorderen sichtbar und durch ein Trittbrett verbunden sind. Am Ende des Tisches steht Christus, neben ihm sitzen Maria, der Bräutigam und die Braut. Ein Diener bringt ein Gefäss voll Wasser, um die sechs Krüge zu füllen, über die Christus seine wunderthätige Hand erhebt.[3])

6. **Die Heilung des Aussätzigen.** Matth. 8, 1 f. Perikope des 3. Sonntags nach Epiphanie. Der Herr „streckte seine Hand aus, berührte ihn (auf dem Haupte) und sprach: Ich will, werde rein!" Zwei mit einem Nimbus versehene und ein Buch tragende Apostel folgen dem Erlöser. Sie haben hier zum Zeichen ihrer Würde ein Pallium, das ihnen in 3. und 4. noch fehlte.[4])

7. **Belehrung und Aussendung der zwölf Apostel.** Matth. 10, 1 f. Jesus sitzt auf einem Throne, weil er den Aposteln Vollmacht ertheilt. Petrus steht vorne, bärtig und gleich dem Herrn ein Buch haltend.

8. **Die Samariterin.** Christus sitzt auf einer Erhöhung des Bodens, hinter ihm steht Petrus mit einem grossen Buche; ein zweiter Apostel erscheint im Hintergrunde.[5])

9. **Fünf Scenen aus der Geschichte Johannes des Täufers in drei Gruppen.** In der ersten Gruppe tadelt Johannes den Herodes, auf dessen Schooss die Herodias sitzt (9 A); in der zweiten wird Johannes aus einem tiefen Kerker gezogen (9 B) und sinkt er enthauptet hin (9 C), in der letzten tanzt die Tochter der Herodias (9 E) und bringt ein Knecht ihr als Lohn das Haupt des Täufers (9 D).[6]) Wie im Evangelienbuche des heil. Bernward ist auch hier die Geschichte des Vorläufers so breit behandelt, weil der Ostchor der Michaeliskirche, vor dem die Christussäule stand, den Namen des heil. Johannes trug.

10. **Jairus**, den eine Frau und fünf Männer begleiten, bittet um die Heilung seiner Tochter. Das blutflüssige Weib berührt den Saum des Gewandes Christi, der sich zu ihr umwendet, aber seine Rechte zum bittenden Vater erhebt.[7]) Da die beiden anderen Evangelisten sagen, Jairus sei vor dem Heiland auf die Kniee gefallen (Mark. 5, 22; Luc. 8, 41), ist nicht ihr Text, sondern Matth. 9, 18 f. hier illustrirt. Da aber die 7. Scene sich auf Matth. 10, 1 f., die Scenen des Täufers sich auf 14, 1 f. beziehen, schliessen die Bilder der Säule sich nicht an ein Evangelium an. Sie illustriren, wie es scheint, die wichtigeren, aber chronologisch

---

[1]) Vgl. Strzygowski, Ikonographie der Taufe Christi. München, Riedel 1885. Tafel IX, 6 S. 42. Das Bild der Taufe in „Des heil. Bernward Evangelienbuch" Tafel XXII, S. 12 ist ganz anders aufgefasst, als das Basrelief der Säule. Eine ähnliche Darstellung bietet dagegen der bereits oben S. 44 Anm. 1 erwähnte ältere Tragaltar von Melk aus dem dritten Viertel des XI. Jahrhunderts. Die Engel haben auf diesem Altare, wie auf manchen Werken des heil. Bernward, enge an den Nimbus sich anschliessende Flügel. Mittheilungen der k. k. Central-Commission XV. S. XXXI Fig. 2 und Tafel II.

[2]) Dieselbe Form des Nachens, aber ohne Segel im Codex Egberti, Ausgabe von Kraus Tafel 24 und 28.

[3]) Codex Egberti, Tafel 19.

[4]) Codex Egberti, Tafel 20.

[5]) Codex Egberti, Tafel 30, fast dieselbe Anordnung der Scene.

[6]) Die tanzende Tochter der Herodias ist ebenso dargestellt in der „Handschrift des Kaisers Otto im Münster zu Aachen" Tafel IX. Ueber das „Verliess", aus dem Johannes herausgezogen wird, vgl. Wiecker, „Die Christussäule" 12 f. Schnaase (IV, 665) bemerkt zu 9A: „Der Sohn des Königischen (wie Luther übersetzt hat), dessen Heilung Joh. 4, 43 erzählt ist, sitzt mit der Krone auf dem Kopfe auf dem Schoosse des ebenfalls bekrönten, scepterhaltenden Vaters. Die Vulgata nennt den Vater: Regulus, und Bernward nahm ihn also als König." Hierbei ist Johannes, dem der Kreuznimbus fehlt, zum Heilande gemacht und die mit weiblichen Kleidern dargestellte Königin als Sohn gedeutet.

[7]) Aehnliche Zeichnung im Codex Egberti, Ausgabe von Kraus Tafel 25.

geordneten und ergänzten Perikopen der Zeit von Theophanie bis zum Palmsonntage. Die Geschichte des Jairus wurde zur Zeit des heil. Bernward verlesen am Mittwoch nach dem 3. Fastensonntage.

11. **Heilung eines Blinden**, wohl des bei Luc. 18, 35 f. erwähnten, weil auch im Codex Egberti, sowie in den Handschriften von Echternach (Gotha) und Bremen letzterer erscheint und weil seine Geschichte am Sonntage Quinquagesima gelesen wurde. Der Baum hinter den beiden Männern, welche den Blinden zum Herrn führten, dient nur zur Trennung der Scene. Wenn die bei Mark. 8, 22 f. erzählte Heilung dargestellt wäre, könnte der Baum eine Hinweisung sein auf die Worte des Geheilten: „Ich sehe die Menschen wie wandelnde Bäume."

12. Zwei Scenen: A. Zwei Männer führen die **Ehebrecherin** zum Erlöser. B. Er redet mit ihr. Joh. 8, 1 f. Perikope für den Samstag nach dem 3. Fastensonntage.

13. Die **Auferweckung des Jünglings von Naim**. Luc. 7, 11 f. Die beiden hohen Thürme zeigen das Stadtthor von Naim an. Die Wittwe folgt der Bahre, von der sich der Erweckte unbekleidet erhebt, indem Christus mit der Rechten ihm hilft und die Linke (!) zum Redegestus (Segen?) erhebt. Hinter dem Herrn stehen hier nicht, wie in den meisten älteren Bildern, Apostel, sondern Männer aus dem Volke mit kurzen Röcken.

14. Die **Verklärung**. Christus steht mit reich verziertem Nimbus zwischen Moses und Elias auf einem Berge; zur Seite knieen nur zwei Apostel. Matth. 17, 1 f. Evangelium des 2. Fastensonntags.

15. Die **Aussendung der 72 Jünger**. Luc. 10, 1. Der Idee nach vervollständigt dies Bild die 3., 4., 7. und 17. Scene.[1]

16. Die **Parabel vom Prasser**. Luc. 16, 19 f. Perikope des Donnerstags nach dem 2. Fastensonntage. Zwei Scenen: A. Der Arme, dessen Wunden die Hunde belecken, bittet den an der Tafel sitzenden, als König gekleideten Reichen um ein Stück Brod. B. Abraham, in dessen Schooss Lazarus ruht, wird vom Reichen, der auf seine Zunge zeigt, um einen Trunk Wasser angefleht.[2] Die beiden Thürme in der Scene A entsprechen den bei der Auferweckung des Jünglings von Naim dargestellten; dort zeigen sie das Stadtthor an, hier bezeichnen sie die „Thüre" (Luc. 16, 20) des Reichen, vor welcher der Arme lag. In B sind die „Pforten der Hölle" dargestellt und der „Rachen der Unterwelt". Lazarus hält in A in seiner Hand die Klapper, womit die Aussätzigen im Mittelalter ihr Nahen anzeigen mussten.

17. **Zachäus** wird durch den Erlöser vom Baume herabgerufen. Luc. 9, 1 f.

18. Der Fluch über den **Feigenbaum** (Matth. 21, 8) oder die Geschichte vom **unfruchtbaren Feigenbaume** (Luc. 13, 6).[3]

19. Die **Heilung zweier Blinden** bei Jericho. Matth. 20, 29 f. Wie in der 11. Scene hält auch hier jeder Blinde einen Stock in der Hand. Während aber der Blinde dort gross von Gestalt ist, sind hier beide klein, wie der Aussätzige der 6. Scene. Wie hinter jenem Aussätzigen wächst auch hinter den Blinden ein Baum auf. Einer der Blinden zeigt auf sein Auge, wie der reiche Prasser auf seine Zunge hinweist.

20. **Petrus wandelt auf dem Meere**. Matth. 14, 22 f. Perikope des 6. Sonntags nach Epiphanie. Christus hält hier ein Kreuz in der Hand; ein ähnliches Kreuz trägt auf der Thüre der vor Adam und vor Maria erscheinende Engel.

21. Die **Brodvermehrung**. Joh. 6, 1 f. Perikope des 4. Fastensonntags.

22. Die **Auferweckung des Lazarus**. Joh. 11, 1 f. Perikope des Freitags nach dem 3. Fastensonntage. A. Vor dem Thore der Stadt Bethania knieen Maria und Martha vor dem Meister. B. Christus ruft den Lazarus aus dem Grabe. Die altchristliche Darstellung dieses Wunders bleibt im Codex Egberti (Tafel 41) noch erkennbar; hier ist sie gänzlich aufgegeben. Sowohl das hohe Denkmal als die Leintücher, worin der Beigesetzte eingewickelt wurde, fehlen. Dass Bernward hier die Art der heimischen Bestattung in der Tiefe der Erde und ohne Kleider darstellen liess, ist um so beachtenswerther, weil doch der Text des Evangeliums sagt: „Bindet ihn los und lasset ihn gehen."

23. **Maria Magdalena** wäscht Christi Füsse. Joh. 12, 1 f. Perikope des Montags in der Charwoche. Alle zehn am Tische sitzenden Gäste tragen Nimben, sind also Apostel. Christus wendet dem Tische den Rücken und setzt seine Füsse in ein Becken. Maria wäscht sie, ihre Haare hängen herab, um zum Abtrocknen zu dienen.

---

[1] Krätz sagt von der Gruppe: „Jesus wird von einem Manne gebeten, seinen mondsüchtigen Sohn zu heilen nach Matth. 17, 14; Mark. 9, 16; Luk. 9, 37." Diese Erklärung wird schon durch die Tracht der Personen widerlegt, welche die der Jünger und nicht die der Leute aus dem Volke ist. Andere sahen in dem Bilde den Rangstreit der Jünger nach Matth. 18, 1—14; Mark. 9, 32—36 und Luk. 9, 46—48. Allein die Evangelisten sagen, Christus habe bei dieser Gelegenheit sich gesetzt und ein Kind als Beispiel vor die Apostel gestellt, wovon sich in der Gruppe nichts findet. Otte erklärt das Bild als „Christus im Gespräche mit Schriftgelehrten und Pharisäern". Dagegen spricht aber der Gestus der Personen, welche dem Heilande gegenüberstehen. Im Codex Egberti ist freilich Christus einmal dargestellt, wie er mit den Pharisäern streitet. Dort aber stehen ihm diese feindlich gegenüber, während hier die Männer ihre Hände bereitwillig ausstrecken, wie es in der 7. Scene die Apostel thun, welche der Herr erwählt und aussendet.

[2] Der Gestus des Reichen ist in der Flamme derselbe wie in der „Handschrift des Kaisers Otto" Tafel 24.

[3] Vgl. die Darstellung des unfruchtbaren Feigenbaumes im Codex des Corpus-Christi-Kollegs zu Cambridge, den Gregor d. Gr. dem heil. Augustin sandte. Garrucci, Storia tav. 141.

24. Der Einzug in Jerusalem. Matth. 21, 1 f. Perikope für den Palmsonntag. Christus sitzt auf einem Esel, zwei Jünger folgen; zwei Männer halten Palmzweige, ebenso viele legen ihre Kleider auf die Erde. In der Ecke sieht man die Zinnen und Thürme von Jerusalem.

7. Untersuchen wir nach Beschreibung der einzelnen, auf den Thürflügeln und auf der Säule geschilderten Scenen deren ikonographische Bedeutung. Vor Allem muss der grosse Unterschied zwischen ihnen und den Miniaturen des Guntbald auffallen. Sie unterscheiden sich von letzteren selbst da, wo sie dieselben Ereignisse schildern, z. B. die Verkündigung, die Taufe, den Einzug in Jerusalem, die Kreuzigung, die Erscheinung vor Magdalena, so stark, wie kaum irgend zwei andere Cyklen des X. oder XI. Jahrhunderts, die an weit von einander entfernten Orten entstanden. Die Bildner der Erzwerke verwerthen weit ältere Vorlagen. Sie bilden dieselben freilich um, z. B. bei der Auferweckung des Lazarus, aber sie bleiben klar und plastisch, erinnern mehr an die Antike. Freilich sprechen die zahlreichen Bäume, Zweige und Architekturen auf den Thürflügeln, in etwa auch auf der Säule, für übertriebene Liebe zum Beiwerk, zur Dekoration, welche in Guntbalds Malereien so stark hervortritt.

Auf der Säule werden die pilzförmigen, wohl Tannen nachahmenden Bäume vorgezogen. Nur zweimal tritt uns dort ein mit Blättern besetzter Baum entgegen, während auf den Thüren Blattpflanzen vorwiegen und die pilzförmigen Bäume ihre Kronen schon auflösen und blumenartig gestalten. Wie wenig Naturverständniss die Zeichner hatten, zeigt am klarsten der Apfelbaum beim Sündenfall; denn die Aepfel hängen dort wie in Blatthülsen. Auch die Miniaturen bieten pilzförmige Bäume (Tafel XIV, XIX und XXIV), versuchen sich aber auch in anderen Formen; bieten sie doch z. B. selbst herzförmige Blätter (Tafel XII, XIII, XXIII). Die meisten dieser Baumformen, besonders die pilzförmigen, sind alte, immer wieder kopirte Erbstücke.[1]

Der Erdboden ist in den ersten Reliefs der Thüren nicht angedeutet, später wird er energisch betont; auf der Säule ist er nie vergessen, aber einfacher behandelt.

Die Gebäude sind auf den Thürflügeln reicher und zahlreicher. Wir finden dort in 16 Scenen 8 Bauten, während die Säule in 28 Scenen nur 7 bietet. Guntbalds Miniaturen zeigen ganz andere Formen, halten sich weit mehr an das, was damals zu Hildesheim, besonders in Holz, gebaut wurde. Doch sind seine beiden Bilder des heil. Grabes und die Stadt beim Einzuge Christi nach alten Vorlagen entworfen. Dagegen stammt die Federzeichnung im Anfange des Evangelienbuches von einer dem Meister der Säule nahestehenden Hand.[2]

Die Thüren haben in 16 Abtheilungen nur 55 Figuren, die Säule hat deren dagegen in 24 Geschichten (28 Scenen) 154. Sie zieht feste Gruppen vor, die Thüren vereinzelte Figuren. Auf der Säule treten die Gestalten zur Hälfte heraus, auf der Thür mit drei Viertel ihres Leibes und mit dem ganzen Kopf. Der Oberkörper beugt sich aus der Fläche hervor, dass es fast den Anschein gewinnt, als ob die Figuren herausfallen würden. Der kühne Meister versuchte, das starke Leben, welches in seinen Gruppen pulsirt, deutlich hervortreten zu lassen. Er will die Figuren vom Hintergrunde loslösen und ihnen durch tieferes Relief mehr Deutlichkeit geben, damit auch Fernstehende sie zu erkennen vermöchten. Dasselbe Bestreben findet man wieder bei späteren Bildern des Mittelalters, in welchen die Kleider gemalt, die Köpfe aber aus Holz geschnitzt und auf die gezeichneten Körper aufgefügt sind. Auch jene Emailplatten, auf denen nur die Köpfe plastisch dargestellt sind, während das Uebrige in der emaillirten und gravirten Fläche bleibt, gehören hierher. Der Versuch war ein Fehlgriff, beweist aber doch die Thatkraft und den Schaffensdrang der Zeit, die auf jede Weise Fortschritte und Verbesserungen anzuwenden suchte.

---

[1] Springer, Genesisbilder 682; Bonner Jahrbücher 70 S. 98 f.
[2] Aehnliche Zeichnung der Gebäude im Psalterium aureum von St. Gallen. Vgl. die Ausgabe von Rahn. St. Gallen, Huber, 1878, Tafel 15 f.

Die Gesichter sind auf den Thürflügeln besser, weniger glotzäugig, der Nimbus tritt mehr zurück, aber das Kreuz geht mit seinen Endstücken mehr über dessen Peripherie hinaus. Der Meister der Säule hat die Falten und Ornamente im Modell mit einem Messer herausgeschnitten; bei der Thür ist Alles viel feiner modellirt und abgerundet. Dort arbeitete eine feste, kräftige Hand in freiem künstlerischen Schaffensdrang, ohne viel auf die Einzelheiten zu achten; hier wurde Alles reiflicher erwogen, sorgfältiger ausgeführt, bis in die Einzelheiten besser besorgt. Man sehe nur, mit welcher Ueberlegung z. B. beim Opfer Kains und Abels oben die Lücken mit Laubwerk gefüllt sind.

Die Trachten sind auf der Säule und auf der Thür denen der meisten Miniaturen jener Zeit fast gleich. Christus, die Engel, die Apostel, Joseph und Simeon erscheinen in langen Gewändern und mit Pallien. Die Frauen tragen Schleier, die Laien kurze Röcke, die freien Männer überdies meist auf der Schulter durch eine runde Fibel zusammengehaltene Mäntel, niedrige Schuhe und Strümpfe, über die kreuzweise sich schneidende Schnüre oder Bänder gelegt sind. Die Tracht der Vornehmen haben Herodes, Herodias und ihre Tochter.

Fig. 39.

Ehemalige Aufstellung der Christussäule auf dem Domhofe.

Für den Gestus ist weder auf der Säule, noch auf der Thür der alte Redegestus, der sogenannte lateinische Segensgestus, wobei Zeigefinger und Mittelfinger ausgestreckt werden, festgehalten. Freilich hat auf der Thür die vor Kain erscheinende Hand ihre Finger zum regelrechten Redegestus gelegt, sonst aber erheben die redenden Personen meist nur den Zeigefinger, oft strecken sie alle Finger aus und zeigen die flache Hand.

8. Die Säule kam nach manchen Schicksalen aus der Abteikirche des heil. Michael auf den Domhof (Fig. 39) und ist jetzt in das Innere des Domes gestellt worden, wo sie vor den Unbilden der Witterung und der Menschen besser geschützt sein wird. Mit den Erzthüren des Domes bildet sie den Schwerpunkt der bernwardinischen Kunst. Ja, diese beiden Denkmäler sind für die ganze deutsche Kunst so wichtig und hervorragend, dass der officielle „Führer" durch das Kunstgewerbemuseum zu Berlin mit Rücksicht auf sie schrieb: „Der Bronzeguss erhält sich aus römischer Tradition in Byzanz und wird durch Bischof Bernward von Hildesheim († 1022) in Deutschland wieder eingeführt."[1]

Demnach wären also alle die grossen deutschen Gusswerke aus dem Ende des X. oder dem Anfange des XI. Jahrhunderts aus Bernwards Werkstätte mittelbar oder unmittelbar hervorgegangen, alle Gusswerke, die in Deutschland vor Bernward entstanden, kämen aus Byzanz, „wo sich die römische Tradition erhielt".

Im Gegensatze zur Aeusserung im „Führer" einer so hervorragenden Anstalt, die eine leitende Stelle in allem sein will und sein soll, was das Kunstgewerk angeht, finden sich schon bei Schnaase[2]) folgende beachtenswerthe Sätze, die bis heute nichts von ihrer Beweiskraft verloren haben: „Nur der allgemeine Gedanke (der Bernwardssäule) ist von der Trajanssäule entlehnt, die flüchtigen Anschauungen in Italien genügten nicht, um die Hand des Arbeitenden zu leiten. Von byzantinischer Einwirkung ist noch weniger eine

---

[1]) 5. Aufl. Berlin 1884, S. 75. Cuno, „Die ehernen Thürflügel" S. 3 f. setzt die Einführung der Gusstechnik aus Byzanz in die Zeit der Ottonen und meint, in Magdeburg habe man im X. Jahrhundert wieder begonnen, in Erz zu giessen.

[2]) Geschichte der bildenden Künste IV, 666. Vgl. III, 588 f., 624 und 652.

Spur; in Byzanz selbst hatte man ja seit dem Bilderstreite die grössere Sculptur ganz aufgegeben, man verzierte dort die ehernen Thüren mit flacher, eingegrabener Zeichnung. Schon das Unternehmen so grosser plastischen Arbeiten zeigt die Unabhängigkeit von byzantinischer Kunst."

Dass unter Karl d. Gr. der Erzguss in Deutschland blühte, ist doch jetzt allgemein zugegeben.[1]) Bekannt ist auch, dass der Bischof von Verden dem Kloster Corvey schon um 990, also drei Jahre ehe Bernward nach Hildesheim kam, sechs bronzene Säulen schenkte. Wir haben bereits oben Seite 8 den kunstreichen, spätestens am Ende des X. Jahrhunderts, jedenfalls vor Bernwards Auftreten entstandenen Brunnen von St. Maximin erwähnt. Wer hat nicht von dem Sessel Dagoberts zu Paris gehört? Es kommt hier nicht darauf an, ob der heil. Eligius diesen Thronsessel goss, ob er ihn für den König Dagobert anfertigte, sondern nur darauf, ob dies Gusswerk lange vor Bernward im Abendlande entstand. Wer aber hat das bis heute bezweifelt? Sind ferner, um nähere Beispiele zu nennen, die Aachener Erzarbeiten der karolingischen Zeit[2]) nicht in Deutschland hergestellt, sind sie aus Konstantinopel bezogen? Ist es glaublich, dass Willigis († 1011) sich die Erzthüren seines Domes von einem Künstler Bernwards habe giessen lassen, von dem ihn der Gandersheimer Streit trennte; müssten nicht die Mainzer Thüren denen von Hildesheim viel ähnlicher sein, wenn Bernward den Bronzeguss, der sich aus römischer Tradition in Byzanz erhalten haben soll, in Deutschland wieder eingeführt hätte? Des Willigis Giesser kam wahrscheinlich aus Bayern, wo der Erzguss damals blühte.[3])

Schon die germanische Mythologie zeigt, wie sehr die alten Deutschen die Kunst der Metallarbeiter achteten, wie wenig deren Leistungen auf der Stufe barbarischen Hämmerns blieben. Tag um Tag beweisen neue Funde, wie hoch die Bronzetechnik in Deutschland stand Jahrhunderte vor Bernward, und da soll Bernward den Bronzeguss bei uns wieder eingeführt haben? Von wo? Aus Byzanz, wohin derselbe sich aus Rom zurückgezogen hätte? Wir halten unsere Vorfahren für zu klug und meinen, sie seien nie in so tiefe Barbarei gesunken, um die Bronzetechnik, zu der sie — um das Wenigste zu behaupten und nicht ein streitiges Gebiet zu betreten — in der ältesten Zeit vielleicht durch importirte Schmuckgegenstände angeregt wurden, die sie vielleicht von den Römern erlernt und jedenfalls unter den Karolingern ausgebildet hatten, so zu vergessen, dass sie zu den Byzantinern in die Schule gehen mussten, um sie wieder einzuführen. Allein die Idee des Byzantinismus in der deutschen Kunst führt selbst erprobte und hochgeachtete Vertreter der Wissenschaft so weit, dass in demselben „Führer" (Seite 12) sogar zu lesen ist: „Der byzantinische Baustil verbreitete sich über das ganze gebildete Europa und erhält durch die aufstrebenden germanischen Völker neue Lebenskraft. Es bildet sich der sogenannte romanische Stil."

Weite und ernste Forschungen auf dem Gebiete der altgermanischen Cultur zeigen doch ohne Zweifel, dass wir Deutsche nicht Alles von auswärts erborgt und erlernt haben, nicht einmal von Rom und Italien, geschweige denn aus Byzanz. Vergessen wir doch nicht, dass König Chilperich sich im Jahre 581 nicht zu schämen brauchte, dem Hofe von Byzanz Goldsachen zum Geschenk zu schicken. Unser Volk ist sicher von aussen stark beeinflusst worden, wie es auch heute leider nur zu viel der Fall ist; aber es verdankt doch auch Vieles seiner eigenen historischen Entwickelung. Man darf auch für die Kunstgeschichte

---

[1]) Vgl. Zeitschrift für christliche Kunst 1890 III, 211 f. über einen aus der Zeit um das Jahr 1000 stammenden Kronleuchter zu Corvey.

[2]) Vgl. die gründliche Studie von Clemen in den Bonner Jahrbüchern 92 S. 1 f. und Lindenschmit, Handbuch der deutschen Alterthumskunde. I. Die Alterthümer der merovingischen Zeit. Braunschweig, Vieweg, 1880 f.

[3]) Die bei Förster, Bildnerei III, abgebildete Grabplatte kann nicht, wie er S. 17 sagt, aus dem X. Jahrhundert stammen und dem Erzbischof Gisiler zugeschrieben werden. Otte, Kunstarchäologie II, 538 setzt sie mit Recht ins (XII. oder) XIII. Jahrhundert. Nach Sieghart, Geschichte der bildenden Künste im Königreich Bayern I, 119 f. wurden die Augsburger Domthüren im Beginn des XI. Jahrhunderts gegossen. Er nennt andere bedeutendere Gusswerke Bayerns aus der Zeit um das Jahr 1000.

etwas weiter sehen, als einzelne seltene, uns erhaltene Ueberreste mit Händen greifen lassen. Mit Recht schreibt Springer: „Schwerlich hätte Theophilus in der diversarum artium schedula (im XI. Jahrhundert) der deutschen Malerei ein so reiches Lob spenden können, wenn keine langdauernde Uebung vorangegangen wäre, welche allein eine grössere Tüchtigkeit im technischen Verfahren möglich machte."[1])

Man darf seinen Gedanken weiter führen: Schwerlich hätten die Engländer im XI. Jahrhundert Metallarbeiten als deutsche Arbeiten (als opere Teutonico[2]) gefertigt) gerühmt, wenn erst Bernward, der bei den damaligen Verkehrsmitteln mit seiner Bischofsstadt ziemlich weit von der Heerstrasse lag, den Bronzeguss in Deutschland wieder eingeführt hätte.

Ein Umstand ist bei Behandlung des Erzgusses bis dahin zu wenig beachtet worden: die Nothwenigkeit der Glocken. Ueberall freute man sich bereits im X. Jahrhundert, ja schon früher schöner Glocken. Sie läutete man bei festlichen Gelegenheiten. Als der heil. Bernward z. B. auf der Rückreise von Rom durch Vercelli kam, wurde er unter Glockengeläute empfangen.[3]) Wie gross die Glocken bereits im X. Jahrhundert waren, erhellt aus der Chronik von Moyenmoutier. Als der Bischof von Toul dort die grösste Glocke genommen hatte, brauchte er zwölf Paar Ochsen, um sie in seine Stadt zu bringen. Als die Mönche sie wiedererhielten, genügten freilich vier Paar, sie zurückzubesorgen, gewiss noch immer ein Zeichen grossen Gewichtes.[4]) Die Glocken jener Zeit waren nicht nur gross, sondern auch reich verziert. Schon in der Mitte des IX. Jahrhunderts trug eine Glocke zu Lobbes eine ziemlich lange Inschrift.[5])

Goss man in Frankreich, Italien und Deutschland bereits während des IX. Jahrhunderts grosse, reich verzierte Glocken, dann musste der Erzguss blühen. Man berechne, wie viele Glocken für die neuen Kirchen des Sachsenlandes im IX. und X. Jahrhundert nöthig wurden! Im Bereich der Diözese Hildesheim lagen die seit den Tagen Ottos I. mit grossem Erfolg betriebenen Erzbergwerke von Goslar, die naturgemäss zum Erzguss drängten. Es kann demnach nicht geleugnet werden, dass bereits vor den Tagen Bernwards geschickte Giesser in den Hildesheimer Domwerkstätten arbeiteten, dass sie Leuchter, Glocken, Schellen und andere Gegenstände für den Bedarf der Diözese herstellten. Bernward hat nicht die Kunst des Giessens aus Byzanz ins Sachsenland gebracht, sondern eine alte heimische Technik vervollkommnet. Gerade weil der Erzguss nichts Neues war, ist es fraglich, ob wirklich der Essener Leuchter und ähnliche Erzarbeiten des XI. Jahrhunderts seinen Werkstätten mit Recht zugeschrieben werden dürfen.[6]) Köln und andere Orte, welche näher bei Essen lagen, können leicht in der ersten Hälfte des XI. Jahrhunderts geschickte Giesser gehabt haben. Warum dem grossen Bischof unverdientes Lob anbieten, da er reich genug ist an echten, unbestreitbaren Verdiensten?[7])

---

[1]) Westdeutsche Zeitschrift 1884 S. 207. Theophilus, Einleitung, Ausgabe von Ilg S. 9 f. Invenies quiquid .... in auri, argenti, cupri et ferri, lignorum lapidumque subtilitate sollers laudat Germania. Nach dem Zusammenhange bedeutet hier laudat „lobenswerth hervorbringt".

[2]) Chronica pontificum ecclesiae Eborac. Super ostium etiam chori pulpitum aere, auro et argento opereque incomparabili fabricari fecit et ex utraque parte pulpiti arcus et in medio supra pulpitum arcum eminentiorem, crucem in summitate gestantem, similiter ex aere, auro et argento opere Teutonico fabrefactos erexit. Fiorillo II, 272.

[3]) Vita c. 27, Mon. Germ. SS. IV, 771.

[4]) Chronicon Mediani monasterii c. 10, Mon. Germ. SS. IV, 91.

[5])   Harberti imperio componor ab arte Paterni,
Nec Musis docta, en cantus modulabor amoenos.
Nocte dieque vigil depromam carmina Christo.

Gesta abbatum Lobiensium c. 12, Mon. Germ. SS. IV, 60. Vgl. Gesta Witigowonis vers. 410 l. c. pag. 630; Flodoardus Historia Remensis ecclesiae c. 20 (Ludowicus fratri ejusdem Karolo scripsit) de metallo, quod ei transmisit ad faciendum signum. Mon. Germ. SS. XIII, 511. Andere Stellen bei Schlosser, Schriftquellen zur Geschichte der karolingischen Kunst n. 273, 410a, 473, 542, 594, 664, 840, 870, 1102. Vgl. auch Böckeler, Beiträge zur Glockenkunde. Aachen, Jacobi, 1882; Otte I, 352 u. s. w.

[6]) Mittheilungen des k. k. Museums V, 104 und 107; E. aus'm Weerth, Kunstdenkmäler II, 36.

[7]) Eine kurze Beschreibung der „Siegel des Bischofs Bernward" verdanke ich der Güte des Herrn Dr. Bertram zu Hildesheim. Sie möge hier Platz finden, weil ja auch die Siegel wichtige Gegenstände der Kleinkunst sind. Zwei Wachssiegel des heil. Bischofs Bernward befinden sich im Königl. Staatsarchive zu Hannover. Das erstere, zu

Siebentes Kapitel.
Das Grab des heil. Bernward.

Mit grosser Freude sah der fast siebenzigjährige Bischof am 29. September des Jahres 1022 den grossen Plan seines Lebens, den Bau der Abteikirche des heil. Michael, so weit gefördert, dass er eine Weihe in ihr vornehmen konnte. Dunkle Schatten fielen aber schon in die Festfeier. Sein Freund, Bischof Benno von Oldenburg, der von den Heiden aus seiner Stadt vertrieben und schon im Jahre 1018 zu Hildesheim gastlich aufgenommen worden war, gerieth so sehr in das durch die Volksmenge in der Kirche entstandene Gedränge und wurde so hart mitgenommen, dass er nach wenigen Tagen starb.

Der Tod, welcher die Freunde getrennt hatte, sollte sie nur zu bald wiederum vereinen. Am 1. November stellte Bernward den grossen Stiftungsbrief für St. Michael aus,[1]) ein Testament, worin er seinen ganzen Charakter offenbart. Da sagt er unter Anderem:

„Im Namen der heiligen und unzertrennlichen Dreifaltigkeit. Ich wünsche, dass allen Söhnen unserer Kirche, ja allen Christgläubigen bekannt sei, wie ich, Bernward, der geringe und unwürdige Bischof dieser heiligen Kirche von Hildesheim, von der göttlichen Gnade angeregt ward, und wie ich in Zerknirschung über meine vielen Sünden und voll Verlangen nach Gottes Gnade in meinem Sinne nachgedacht habe, in welcher Weise ich der ewigen Barmherzigkeit genugthun könne. Endlich erwählte ich Christus zu meinem Erben und begann dann zu seiner und seiner Mutter Maria Ehre, sowie unter des heiligen Erzengels Michael nördlich vor den Mauern unserer Stadt ein Kloster zu bauen.... Nachdem ich dann eine Anzahl von Mönchen versammelt hatte, damit sie dort Christo, dem Herrn, dienten, entschloss ich mich, dem heil. Michael Alles zu übergeben, was ich in Gold und Silber, an mannigfachen Schmucksachen und Gütern habe. Die Schenkungsurkunde hat Kaiser Heinrich mit seinem Siegel bekräftigt, und ich habe sie verstärkt mit meinem besseren, goldenen Siegel, das er mir verliehen hat."

Bernward zählt hierauf alle Grundstücke und Besitzungen auf, welche er dem Kloster als Stiftungsgut überweist, nicht weniger als 466 Hufen Landes, 19 Höfe, 10 Zehnten und 13 Kirchen, zu welchen durch eine kaiserliche Urkunde noch die Kirche von Holtlnsen komme, sowie die Kapelle des heil. Kreuzes, und die des heil. Martinus, welche er als Bischof dem Kloster einverleibe. Dann fährt er fort:

„Mit Ausnahme dessen, was ich an liegenden Gütern, Lichterkronen, goldenen Kelchen, Leuchtern, Stoffen und anderen kirchlichen Zierrathen dem Altare der heil. Maria im Dome gab, schenke ich Alles dem Kloster, damit die Diener Christi, frei von jedem irdischen Dienste, in Frieden ruhig ihre Tage hinbringen und sich zum Nutzen der Lebenden einer heiligen Betrachtung hingeben. Verhandelt zu Hildesheim im Jahre 1022, im dreissigsten Jahre der Weihe des Herrn Bernward, des hochwürdigsten Bischofs dieser Kirche, vor einem Cardinallegaten, elf Bischöfen und vielen Anderen, deren Namen im Buche des Lebens stehen. Amen."

Urkunde „Nr. 6 Domstift Hildesheim" gehörige Siegel ist zusammengesetzt aus dem Bilde einer Gemme und einem Umschriftstreifen. Das ganze ovale Siegel hat eine Höhe von 50 mm und eine Breite von 42 mm. Sein Mittelfeld (Bild) hat 28 mm Höhe und 22 mm Breite. Das mittelst der Gemme abgedruckte Bild ist, trotzdem es durch Bruch sehr gelitten hat, deutlich als ein schön gebildeter Kopf zu erkennen, von welchem der Hals, ein Theil der Nase und das starke Backenhaar erhalten sind. Der Schriftstreifen ist am Aussenrande eingefasst von zwei Reihen kleiner Einschnitte, die zwei an einander liegenden Litzen ähnlich sind; erhalten sind im Streifen die Worte: HEC BER (nv+) ARDI SCE MA (tri) E., d. h.: Dies ist das Siegel Bernwards, des Bischofs der Marienkirche zu Hildesheim. Dasselbe Siegel fand sich nach Krätz III, 88 an dem 996 ausgestellten Stiftungsbrief der Kreuzkapelle im Domarchiv Cap. XXV Nr. 1.

Das zweite (wohl unechte) Wachssiegel gehört zur Urkunde „Nr. 2 Kloster St. Michael", dem bei Luntzel, „Aeltere Diöcese Hildesheim", unter Nr. 8, in desselben „Der heil. Bernward" S. 92, bei Döbner, „Urkundenbuch der Stadt Hildesheim" Nr. 6 abgedruckten Stiftungsbrief der genannten Abtei. Indessen ist diese Urkunde in der vorhandenen Fassung und Schrift nicht Original, das bei derselben getrennt liegende runde Siegel ist in zwei ungleiche Theile zerbrochen. Es hat eine Bildfläche von 90 mm Durchmesser, um welche ein flacher niedriger Einfassungsrand von 10 mm Breite geht. Auf einem unten und etwas über Sitzhöhe auf beiden Seiten mit je einer Kugel, im Ganzen mit vier Kugeln gezierten Thron sitzt der Bischof. Seine Füsse stehen auf einem vor dem Stuhle etwas hervortretenden Schemel. Er ist bekleidet mit der Albe, unter welcher die Schuhe hervorsehen, mit einer unten mit einem kräftigen Saume eingefassten Dalmatik und mit einer glockenförmigen Kasel. Die Vorderseite der Kasel ist geziert mit einem Gabelkreuze, dessen Längsbalken und dessen von der Brust zu den Schultern laufenden Querstreifen gut erhalten sind; die erhobenen Arme bringen den Stoff der Kasel in zahlreiche schräge Querfalten, die auf den Längsstreifen zulaufen. Ein breiter Streifen am Halse der Kasel ist durch eine Einfassungsborte hergestellt. Das Haupt des Bischofs ist bedeckt mit einer schlichten Inful; die rechte Hand umfasst den Stab, der einen einfachen Knauf und eine einfache, nach innen gerichtete Krümmung hat. Er reicht nur bis zur Stirnhöhe des sitzenden Bischofs. Die erhobene linke Hand hält ein offenes Buch dem Beschauer entgegen. Der von der stark abgeriebenen Inschrift ist zu erkennen: †... RNV..... DE...NSIS ECLE EP.S († S. Bernvardi Hildenshemensis ecclesie episcopus).

[1]) Lüntzel, Der heil. Bernward S. 92. Eine ähnliche Urkunde bei Thangmar c. 51, vgl. oben S. 21 und 33 ff.

Zehn Tage nach Besiegelung dieser Urkunde, am 11. November, war er schon so krank, dass er den Bischof Eggehard von Schleswig bitten musste, an seiner Stelle die zum Andenken an eine Pilgerfahrt nach Tours erbaute Martinuskapelle einzuweihen. Nach Vollendung der Weihe liess der ehrwürdige Greis sich in diese Kapelle tragen, um dort aus der Hand des Abtes Goderamm, den er aus der Abtei des heil. Pantaleon zu Köln nach St. Michael berufen hatte, das Benediktinerkleid zu empfangen, die Klostergelübde abzulegen und so dem heil. Martin von Tours möglichst ähnlich zu werden. Am 20. November sprach er: „Es ist angemessen, dass ich dort das Ende meines Lebens finde, wo ich mit dem Kleide der Weltverachtung mich schmücken durfte." Er liess sich in die genannte Martinuskapelle tragen und endete dort seinen Lauf.

„Noch bei seinen Lebzeiten hatte er vorgeschrieben, dass die Bahre, auf welcher sein Körper zum Begräbniss gebracht werde, nicht, wie es bei dem Leichenbegängnisse eines Mannes von solchem Stande Sitte ist, mit einem Mantel, sondern nur mit dem Busskleide, also mit der Tracht der Benediktiner, bedeckt würde. Nachdem dann die Leichenfeier nach kirchlichem Gebrauche würdig begangen war, wurde der Leichnam des gottseligen Bischofs in der Krypta des Klosters, das er selbst gestiftet hatte, vor dem Altare der heil. Maria mit grösster Andacht von allen Christgläubigen bestattet. Sein Grabmal aber hatte er mit heiliger Frömmigkeit im Voraus hergerichtet."[1])

Fig. 40.

Sargdeckel des heil. Bernward.

Dieses Grabmal ist noch heute vollkommen erhalten. Sein Kern besteht aus einem Sarge aus rothem Sandsteine von 2,175 m Länge, 0,62 m Breite und 0,40 m Höhe. Der dachförmige Deckel (Fig. 40) ist nur 0,22 m hoch und trägt die bekannte Stelle aus dem Buche Job (19, 25 f.): „Ich weiss, dass mein Erlöser lebt und dass ich am jüngsten Tage aus der Erde auferstehen und, wieder mit meiner Haut umgeben, in meinem Fleische meinen Gott und Erlöser sehen werde. Ihn werde ich selbst sehen und kein Anderer. Diese Hoffnung ruht in meinem Busen."[2])

Diese Inschrift umrahmt auf den beiden Dachseiten des Sarkophages die Brustbilder von vier und fünf Engeln, welche ohne Zweifel die neun Chöre der himmlischen Heerschaaren sinnbilden sollen, denen Bernward das Kloster mit seiner Kirche geweiht hatte und für die der heil. Michael mit seinem Namen eintreten sollte. Zwischen den Engeln erscheinen auf jeder Seite je 7 kegelförmige Wolken oder Flammen. Auf der Stirnseite des Sarkophages steht das Lamm Gottes zwischen 7 gleichen Gebilden. Die so dreimal wiederkehrende Siebenzahl ist zu auffallend, um als Zufall angesehen werden zu können. Bertram hat zuerst darauf aufmerksam gemacht und sieht darin eine Erinnerung an die in der Apokalypse wiederholt erwähnten sieben Lampen oder Leuchter (Apoc. 1, 13; 2, 1; 4, 5 vgl. 5, 6).[3])

---

[1]) Thangmar c. 55, Mon. Germ. SS. IV, 781. Vgl. über St. Bernwards Grab Krätz III, 40 f.; Lüntze 75 f.; Organ für christliche Kunst 1864 XIV, 233 f.; besonders aber Bertram, Die Bernwardsgruft.

[2]) Schon Bischof Flavian von Vercelli († 550) liess diese Stelle auf seinen Grabstein setzen. Vielleicht sah der heil. Bernward sie bei der Reise durch jene Stadt.

[3]) Die Bernwardsgruft. Die Figuren 40 und 42 sind dem trefflichen Büchlein entnommen.

Geistreich und ansprechend ist eine andere von Sievers[1]) ausgesprochene Erklärung. Er sieht jene 3 × 7 Gebilde als Weihrauchwolken an, welche von den Engeln dem dreieinigen Gott dargebracht werden (Apoc. 8, 3). Natürlich ist es schwer zu entscheiden, welchen Sinn der heil. Bernward seinem Werke unterlegte, doch dürfte mit Rücksicht auf jene Wolken, aus oder zwischen denen die Hand Gottes in den beiden untersten Abtheilungen der Thürflügel hervortritt, hier eher an Wolken als an Flammen zu denken sein.

Im Innern des Steinsarges ist oben ein rundlicher Raum für das Haupt ausgearbeitet, so dass es bei der Verwesung an seiner Stelle bleiben musste. Um diesen Platz ist die Inschrift eingegraben:

Bernvvardus eps. servus servorum XPI.
„Bernward, Bischof, Knecht der Knechte Christi."

Wie heute um die Bahre Leuchter gestellt werden und der Priester mit dem Rauchfass um dieselbe herumgeht, so legte man neben die Leiche des Bischofs jene zwei oben beschriebenen Leuchter, und stellte man ein Weihrauchgefäss zu seinen Füssen. Da lag er in seiner hellgrünen, reich gemustersten seidenen Kasel (Fig. 41)[2]), mit seinem Stabe und mit einem kleinen Grabeskelche auf der Brust, wie es bei den Bischöfen jener Zeit Sitte war. Seine Füsse waren gegen den Altar der allerseligsten Jungfrau gerichtet, an dem er so oft gestanden, sein Gesicht dorthin, wohin seine Augen so häufig sich erhoben hatten, wenn er betend aufsah zum Altarkreuz und weiter gegen den Aufgang, von wo das Licht kommt und Christus erscheinen wird.

Fig. 41.

Musterung der Kasel des heil. Bernward.

Der Sarg wurde in eine ausgemauerte Grube gesenkt und mit einem 2,775 m langen und 1,23 m breiten Steine bedeckt, auf dem ein Kreuz abgebildet ist, an dessen vier Enden die evangelischen Thiere und in dessen Mitte das Lamm Gottes gemeisselt ist. Auf dem Rande seines Grabsteines (Fig. 42, folg. Seite) hat Bernward, wie Thangmar berichtet, sich selbst mit gewohnter Demuth folgende Denkverse als Aufschrift gesetzt:

Pars . hominis . Bernwardus . eram . nunc . premor . in isto .
Sarcofago . vilis . et . ecce . cinis .
Pro dolor! Officii culmen quia non bene gessi .
Sit . pia . pax . animae . Vos . et . Amen . canite.

„Bernward war ich voreinst, ein gebrechlicher Mensch. Es umschliesst
Jetzt mich der grausige Sarg. Asche nur bin ich und Staub.
Weh! Nicht hab' nach Gebühr erfüllt ich erhabene Pflichten.
Aber der Seele sei Ruh. Singet Ihr Amen dazu!"

Benno, der später Bischof von Meissen wurde, verfasste ein Lobgedicht, das an einer Säule zur rechten Seite des Grabes angebracht wurde:

„Siehe die Gruft, sie umschliesst das Gebein Bernwardus', des Bischofs,
Jenes erhabenen Manns, der uns ein Wunder erschien,

---

[1]) Studien und Mittheilungen aus dem Benediktiner- und dem Cistercienser-Orden 1893, XIV, 606 Anm.

[2]) Ueber diese Kasel vgl. Krätz II, 154 Anm. 31 und III, 44 Anm. 44; Führer n. 83. Weihrauch wurde oft in die Särge zu den Todten gelegt. Vgl. Murcier, La sépulture chrétienne, Paris Vivès 1855 pag. 23 et 159. Leuchter sind schon in den Katakombengemälden nicht selten auf die Gräber gemalt oder auf Sarkophagen gemeisselt worden. Vgl. Garrucci, Storia tav. 101, 102, 104, 337, 392.

Der wie ein leuchtender Stern in der Heimath Krone geglänzt hat,
Würdig erfunden von Gott, hoch von den Menschen geliebt;
Denn seiner Kirche war er allezeit der trefflichste Bischof.
Lohn' es Emanuel ihm, lohn' es ihm Michaels Huld!
Endlich am zwanzigsten Tag in dem elften der Monate tauscht' er
Für dies irdische Sein glücklich den Himmel sich ein."[1])

Unter dem alten Sarkophag ist eine Quelle entsprungen. Das gläubige Volk, das seit Jahrhunderten aus ihr Wasser schöpft, sucht durch dasselbe Heilung und erlangte sie oftmals. So erfüllte sich die von Bernward auf einer rothen Sandsteinplatte eingemeisselte Mahnung, die jetzt an der Aussenwand des Chores seiner Michaelskirche und über seinem Grabe eingemauert ist[2]):

Fig. 42.

Die Grabplatte des heil. Bernward.

†Venite . concives . nostri . Deum . adorate . vestrique . praesulis . Bernvvardi . mementote.

„Kommet, unsere Mitbürger, betet Gott an und gedenket eures Bischofs Bernward."

Mit Recht schliesst Thangmar seine werthvolle Biographie mit einem Lobe auf die Demuth des grossen Bischofs. Wie gering dachte er von sich selbst, wie rührend sind seine Worte: „Weh! Nicht hab' nach Gebühr erfüllt ich erhabene Pflichten." Das heisst dem Rathe des Herrn nachkommen: „Wenn ihr Alles gethan habet, was euch vorgeschrieben ist, saget: »Unnütze Knechte sind wir.«" Luk. 17, 10.

Demüthige Unterwürfigkeit und Misstrauen gegen sich selbst ist der Charakterzug Bernwards. Weil Stolz und Ehrgeiz ihm fern waren, harrte er so lange aus beim gebrechlichen Grossvater, darum sicherte er sich die Achtung der Kaiserin und das dauernde Vertrauen Ottos III. Durch solche Tugend gewann er das Herz Thangmars, als er noch dessen Schüler war, wahrte er sich als Bischof und Oberer bis ins Grab hinein seines Lehrers Liebe und Achtung.

Doch wir schreiben keine Biographie des Heiligen, nur seine Beziehungen zur Kunstgeschichte sind die Aufgabe dieser Arbeit. Aber durften wir an seinem Grabe vorbeigehen, ohne ein Wort der Anerkennung und ohne Lob des Charakters, der den Künstler adelt? Wäre er solch ein Freund der Kunst geworden, hätte er junge talentvolle Männer mit sich hinausgenommen auf seine Reisen, damit sie auch in anderen Städten und bei fremden Leuten sähen, was man von ihnen erlernen könne, wenn er nicht demüthig gewesen wäre?

2. Oft ist behauptet worden, Bernward habe seinen Sarkophag und seinen Grabstein selbst gemeisselt. Dass er die Inschriften bestimmte und unter seinen Augen ausführen liess, kann keinem Zweifel unterliegen. Wer anders hätte es gewagt, sie hierhin zu setzen? Dass er aber auch selbst die Steine ausgehauen und vollendet habe, folgt aus

---

[1]) Thangmar c. 57, Mon. Germ. SS. IV, 782. Aehnliche Grabschriften, worin der Uebergang in Staub und Asche erwähnt wird, sind im Mittelalter häufig. Vgl. Murcier, La sépulture p. 210, eine Grabschrift Ekkehards II. im Mainzer Dome u. s. w.

[2]) Baudenkmäler Niedersachsens I, 21.

Thangmars Worten keineswegs. Es ist wahr, mit Rücksicht auf das Bernwardskreuz sagt der Biograph: „thecam paravit", und wir erklärten uns gegen die Uebersetzung Hüffers: „Bernward liess eine Kapsel anfertigen". Derselbe Biograph berichtet über das Grab: „Sepulchrum suum sibi ipse praeparaverat et tale epytaphyum superscripserat." Hier übersetzt Hüffer: „Sein Grabmal hatte er sich selbst im Voraus hergerichtet und folgende Denkverse als Aufschrift gesetzt." Wer wird nicht den Unterschied zugeben, der zwischen dem Kreuz und dem Sarkophag mit seinem Grabstein besteht? Thangmar versichert, sein Schüler sei erfahren gewesen in der Goldschmiedekunst, eine lange Ueberlieferung bezeugt, dass Bernward das Kreuz eigenhändig fertigte, die Arbeit passt überdies zur Person Bernwards. Ganz anders liegt die Sache bei dem aus Sandstein bereiteten Sarg mit seinem Deckel und Stein. Dass der Bischof diese Gegenstände selbst ausgehauen, ist um so unwahrscheinlicher, weil er schon älter geworden war und lange kränkelte.

Immerhin bleibt das Grabdenkmal ein wichtiger Zeuge nicht nur für Bernwards Charakter, sondern auch für seine Kunst. Die Inschriften bieten sowohl runde als eckige E und G, oben geschwänzte A und solche, denen der Ansatz fehlte, V und U sind nicht unterschieden, Abkürzungen selten. Das Kreuz des Decksteines ist sehr eigenartig; seine Evangelisten-Symbole erinnern gleich an die auf dem Evangelienbuche angebrachten. Wäre nicht die zweifellos echte Inschrift da und wäre diese nicht so eng mit dem Kreuze verbunden, dann würde wohl der Verdacht späterer Entstehung nicht ausbleiben. Der Fuss, worauf das Kreuz steht, die Verbindung der fünf Medaillons mit dem Kreuze und das den Rand begleitende Flechtwerk sind neue Elemente für die bernwardinischen Werkstätten, neue Beweise der dort herrschenden Vielseitigkeit und der freien Bewegung, die jedem Künstler dort blieb. Anders arbeitete Guntbald mit seinen Malern, anders modellirte der Vorsteher des Giesshauses, anders zeichnete der Steinmetz. Bernward stand zwischen ihnen als gütiger Herr. Er freute sich des Guten, in welcher Form es auch immer geboten wurde.

Achtes Kapitel.

Hildesheimer Kunst nach St. Bernwards Tode.

1. Nicht unvermittelt erwuchs Bernwards Kunstthätigkeit. Ihre Wurzeln lagen in den Werkstätten des Domes, die der ganzen Diözese dienten. Deshalb konnte dies Kunstleben nach dem Tode des grossen Bischofs in Hildesheim nicht untergehen. Die Bedürfnisse der Diözese blieben dieselben, ja sie steigerten sich. Stets waren neue Kirchen, Altäre, Taufbrunnen und Glocken, neue Kreuze, Kelche und Leuchter, neue Bücher und Einbände nöthig. Die meisten Gotteshäuser gehörten mehr oder weniger dem Bischofe. Wie der Klerus des Domes bis unter Bischof Azelin (1044–1054) das gemeinsame Leben streng festhielt und die Kanoniker Hildesheims sich durch einfache Tracht und Lebensweise vor anderen Kapiteln auszeichneten,[1]) so blieb auch der Einfluss und damit die Sorge für die Kirchen und deren Ausstattung den Bischöfen Hildesheims länger als ihren Amtsbrüdern am Rhein, wo die viel ältere Kultur einen rascheren Fortschritt förderte.[2])

---

[1]) Hüffer, Lebensbeschreibung S. XIV. Vgl. Othlo, Liber visionum, Mon. Germ. SS. XI, 378; Mabillon, Annales ord. S. Benedicti 460 c. 65; Annalista Saxo ad an. 1044, Mon. Germ. SS. VI, 686.
[2]) Beissel, Die Bauführung des Mittelalters. I. Baugeschichte der Kirche des heil. Victor zu Xanten. Freiburg, Herder, 1883 S. 37 f.

Dreissig Jahre lang hatte Bernward die Werkstätten seiner Diözese mit besonderem Eifer gefördert. Die Künste der Bauhandwerker, der Goldschmiede und Erzgiesser, der Schreiber und Maler hatte er mit grosser Sorgfalt gepflegt und gehegt. In Folge dessen waren für alle Fächer tüchtige Meister und strebsame Gesellen vorhanden. Sein Nachfolger Godehard (1022—1038) war schon als ehemaliger Benediktinerabt nicht der Mann, solche Kräfte gering zu schätzen oder aufzugeben. Wie auch dieser Bischof das Kunsthandwerk pflegte, zeigt deutlich der Bericht seines Biographen Wolfher: „Einem der Bauleute unserer Kirche, Namens Liudgerus, wurden beim Aufstellen eines hölzernen Gerüstes in der Vorhalle der Kirche durch das Herabfallen eines schweren Balkens der Schenkel, das Schienbein und der Fuss jämmerlich zerquetscht, so dass er gänzlich gelähmt war. Der fromme Vater (der heil. Bischof Godehard) kannte ihn von früher her als treu und brauchbar und liess ihn deshalb täglich an seinem Tische mit den Armen essen. Noch mehr als über die Schmerzen seiner Lähmung war der Arme darüber bekümmert, dass er nun für sein Handwerk nicht mehr brauchbar sei. In Allem, was er die Knaben thun sah, und was sitzend oder kriechend geschehen konnte, suchte er bereitwillig sich zu üben und nützlich zu machen. Er liess keine Stunde mit Ausnahme der Essens- und Schlafenszeit verstreichen, in der man ihn nicht geschäftig sah. Unser geliebter Bischof hatte nämlich die Gewohnheit, dass er kleine Knaben oder auch Arme von kräftigerem Alter auf die Strassen oder in die Steingruben schickte, damit sie ihm Steinchen von weisser, schwarzer, rother oder bunter Farbe brächten, die er dann reinigte und glättete, durch solche Bearbeitung und Reibung Edelsteinen ähnlich machte und sehr nützlich an Altären, Büchern und Reliquiaren anzubringen wusste. In dieser Arbeit übte sich jener Arme ganz besonders. Er wusste es allen Uebrigen zuvorzuthun und erwarb sich durch diesen Eifer das Wohlgefallen des Bischofs. Zuweilen gesellte er sich auch zu den Malern und zu denen, welche die Fenster mit Glas versahen, und ging ihnen hülfreich zur Hand."[1]

Derselbe Biograph erzählt weiter, Godehard habe „einen trefflichen Jüngling, Namens Bruno, der die Malerei betrieb", bei sich gehabt, und nicht weniger als 30 Kirchen geweiht, von denen er viele selbst erbaut habe.[2] Als für die neuen Domthürme Glocken nöthig wurden, seien die besten Glockengiesser ausgesucht worden, um ihnen die Arbeit zu übertragen. Unglaublich viel sei durch ihn geschehen, um die zum Gottesdienst nöthigen Bücher und Geräthschaften zu besorgen.[3] Erhalten sind von allen Werken des heil. Godehard nur sein Stab[4] und seine Kasel. Der Stab hat oben eine schmucklose, doppelte Windung von Elfenbein. Sie endet in einen gehörnten Thierkopf, der ein Kreuz im Rachen hält. Die Kasel besteht aus Seide, ist mit kleinen Blumen und Monden besetzt, aber leider in sehr schadhaftem Zustande.

2. Der Nachfolger des heil. Godehard, Bischof Azelin (1044—1054), versuchte einen Neubau des Domes, hatte aber dabei viel Unglück. Vielleicht bewogen diese misslichen Erfahrungen ihn, den damals als Baumeister hoch angesehenen Benno, welcher später Bischof von Osnabrück wurde, nach Hildesheim zu berufen.[5] Bischof Hezilo (1054—1079) war glücklicher; denn mit Hülfe Bennos vollendete er nicht nur den jetzigen Dom, sondern auch die Kirche auf dem Moritzberge bei Hildesheim und die Kreuz-

---

[1] Vita posterior c. 35, Mon. Germ. SS. XI, 216.

[2] Vita posterior c. 29, Vita prior c. 37 l. c. pag. 217 et 195. Eine um die Mitte des XI. Jahrhunderts gegossene Glocke des Hildesheimer Domes wog schon 100 Centner, Otte I, 354. Als Godehard zu Holthusen (jetzt Wrisbergholzen), dessen Kirche er erbaut und 1025 geweiht hatte, gestorben war, läutete man gleich die Glocken (Vita posterior c. 29). Vgl. oben S. 52.

[3] Krátz II, 88; Führer n. 74; Cahier et Martin, Mélanges IV, 192.

[4] Annalista Saxo ad an. 1044. Mon. Germ. SS. VI, 686 s. Der Stab gleicht so sehr den bei Cahier abgebildeten Stäben von Saint Lisier, Angers, Lyon und Metz, dass er aus Frankreich stammen, vielleicht ein Geschenk eines dortigen Benediktinerklosters sein dürfte.

[5] Vita Bennonis, Mon. Germ. SS. XII, 62 s. Vgl. Mithoff, Kunstdenkmale III, 98 und dessen Archiv II, 6 Anm. 5; Baudenkmäler I, 110.

kirche in der Stadt. Noch von Azelin soll der kleine, jetzt im Chore des Domes hängende Kronleuchter stammen. Sein aus vergoldetem Kupfer und verzinntem Eisenblech bestehender Reif trägt 36 Kerzen zwischen 12 Thürmen, in denen 48 in Erz gegossene Figuren standen, und 12 Nischen, welche ebenso viele Engel enthielten. Die Figuren gingen 1546 in den Wirren der Glaubensneuerung unter, der Rest erlitt 1718 eine Restauration.[1]) Einen weit grösseren, heute das Mittelschiff der Kathedrale beherrschenden Radleuchter (Fig. 43) liess Bischof Hezilo anfertigen.[2]) Sein dreifacher, mit reichem Laubwerk in durchbrochener Arbeit verzierter Reif hat 6 m Durchmesser und trägt 12 Thore,

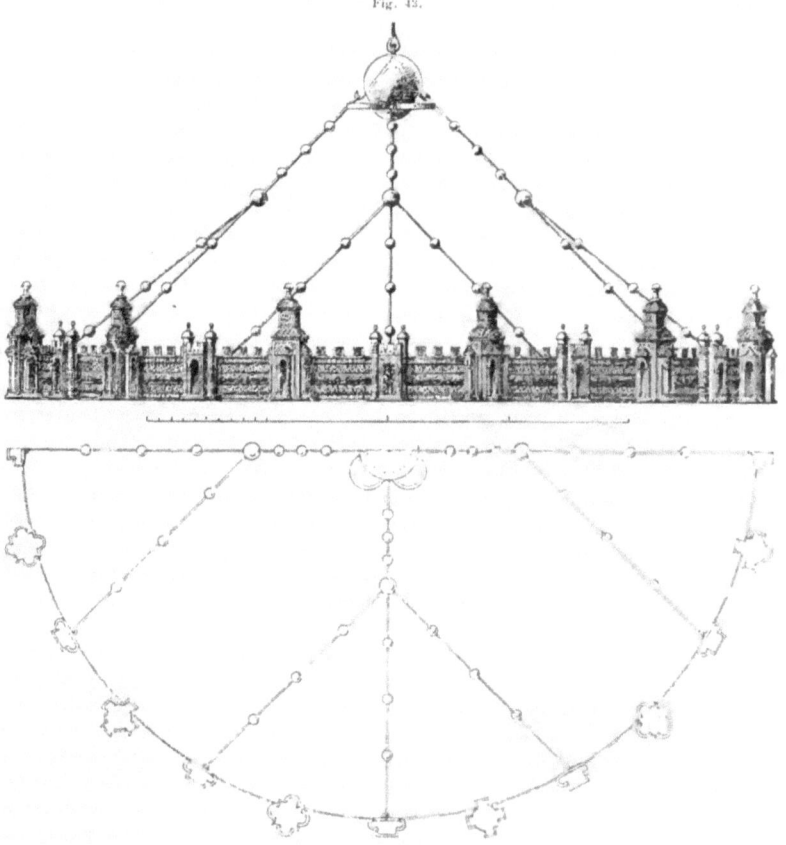

Fig. 43.

Der Kronleuchter Hezilos im Hildesheimer Dome.

12 Thürme und 72 Leuchter. In den Thoren standen die 12 Apostel. Jeder Thurm hatte vier offene Apsiden; in denselben sah man 24 Propheten oder Altväter und 24 Tugenden. So hatte der ganze Radleuchter 60 silberne Figuren. Alle sind verloren. Das Werk hat überdies 1601 eine Restauration erduldet. Noch jetzt sind alle Flächen vergoldet, obwohl sie Alles in Allem nicht weniger als 43 Quadratmeter gross sind. Vielleicht ist unter Hezilo auch

---

[1]) Krätz II, 83.
[2]) Krätz II, 78 f.; Cuno, Der grosse Radleuchter (diesem Schriftchen sind die obigen Figuren entlehnt; Beck, Der Kronleuchter Kaisers Friedrich Barbarossa im karolingischen Münster zu Aachen und die formverwandten Lichterkronen zu Hildesheim und Comburg. Leipzig, Weigel, 1864 S. 42 f.

der reiche Gypsfussboden der Kathedrale entstanden, von dem noch ein Theil erhalten ist.[1]) Der Dom bewahrt ausserdem noch zwei ihm zugeschriebene Evangelienbücher.[2])

Die beiden von Hezilo stammenden Handschriften sind so verschieden, dass sie nicht an demselben Orte oder zur selben Zeit entstanden sein können. Die ältere befolgt im Comes noch das karolingische System. Da bereits der heil. Bernward dies aufgab, da weiterhin die Initialen streng irisch, die Konturzeichnungen sehr alterthümlich sind, kann das Buch nur insofern Hezilos Namen tragen, als er es erwarb und dem Dome überwies. Es ist spätestens aus dem IX. Jahrhundert. Die zweite, weit werthvollere Handschrift dürfte wirklich unter Hezilo in Hildesheim geschrieben sein. Vor jedem Evangelium bietet sie die blattgrosse Miniatur eines Evangelisten und zwei sehr reiche Ziertitel, deren Behandlung auf dem von Guntbald eingeschlagenen Wege weitergeht, ja dessen Liebe zu recht farbenreichen Blättern überbietet. Die Bilder der drei ersten Evangelisten fussen aber auf einer anderen Vorlage als dasjenige des Johannes.[3])

Ob das ältere der beiden mit goldenen Platten überzogenen Marienbilder der Kathedrale aus der Zeit Hezilos, oder älter oder jünger ist, lässt sich schwer entscheiden.[4]) Es ist 0,65 m hoch. Obgleich es 1664 durch eine Restauration entstellt wurde, erinnert es doch noch sehr an ein ähnliches, dem X. oder XI. Jahrhundert zugeschriebenes Marienbild im Schatze der Essener Stiftskirche.[5])

3. Das XII. Jahrhundert brachte der Stadt Hildesheim zwei Kanonisationen und dadurch einen grossen Aufschwung der Kunstthätigkeit. Die erste fand 1131 zu Rheims statt und bezog sich auf den heiligen Godehard. Durch sie wurde Bischof Bernhard I. (1130 bis 1153) veranlasst, bereits 1133 den Grundstein zur herrlichen Kirche des heil. Godehard in Hildesheim zu legen.

Fig. 44.

Einzelheiten von Hezilos Kronleuchter.

---

[1]) Roemer, Der Gypsfussboden im Dome zu Hildesheim. Ein nielloartiges Bildwerk aus dem XI. Jahrhundert. Hildesheim. Gerstenberg. 1886.
[2]) Krätz II, 129; Führer n. 34 und 68.
[3]) Vgl. „Des heil. Bernward Evangelienbuch" S. 63 f.
[4]) Krätz II. 170 f.; Führer n. 82 vgl. n. 36; Schrader, Der tausendjährige Rosenstock 39. Das von Krätz II. 104 behandelte und auf Tafel 10 Fig. 3 sehr schlecht abgebildete Marienbild aus Eichenholz kann unmöglich, wie er behauptet, „aus den Zeiten des Bischofs Altfrid 851—875 sein". Der gothische Faltenwurf weist auf das XIII. oder XIV. Jahrhundert hin.
[5]) Aus'm Weerth, Kunstdenkmäler in den Rheinlanden II, Tafel 24 n. 5; Clemen, Kunstdenkmäler der Rheinprovinz II. 4 S. 47. Zu vergleichen sind mit diesen mit Metall bekleideten Bildern besonders die oben S. 9 erwähnten Kreuze und das bereits gothische, in der Revue de l'art chrétien 1862 IV, Série III 8 f. abgebildete Marienbild von Roc-Amadour (Dep. Lot). Ueber die Technik dieser Werke vgl. Marc Rosenberg, Das Kreuz von St. Trudbert, Herder, Freiburg, 1894 S. 5.

Dass in St. Godehard die Seitenschiffe sich jenseits des Querschiffes fortsetzen, im Halbkreis um das Chorhaupt gehen und dort mit drei halbkreisförmigen Kapellen ausladen, erklärt sich durch Nachahmung französischer Anlagen. Ist doch, um von zahlreichen anderen Beispielen abzusehen, schon St. Remy in Rheims so angelegt.[1]) Vielleicht hat Bischof Bernhard sich in Rheims unmittelbar nach der Heiligsprechung einen Plan entwerfen lassen. Dagegen war der Wechsel der Stützen (je zwei Säulen zwischen den Pfeilern) schon in drei Hildesheimer Kirchen: in St. Michael, in St. Moritz und im Dome mit Glück angewandt. Die Kirche selbst ist fast doppelt so lang als breit (37,97 : 20,45 m). Ihr Mittelschiff (18,69 : 9,06 m) und jedes Seitenschiff (9,49 : 4,53 m) ist fast doppelt so hoch als breit. Weiterhin kommt die Breite des Mittelschiffes fast gleich der Höhe der Seitenschiffe (9,06 : 9,49 m). Es verhält sich demnach, wenn man die Breite der Seitenschiffe (4,53 m) als Einheit annimmt, diese Breite : ihrer Höhe sowie zur Breite des Mittelschiffes : Höhe des Mittelschiffes sowie zur Breite des Ganzen : Länge des Ganzen ungefähr wie 1 : 2 : 4 : 8. Setzt man die Breite des Mittelschiffes als Einheit ein, so ist das Verhältniss ungefähr $\frac{1}{2}$: 1 : 2 : 4. Im Jahre 1146 stellte Bischof Bernhard I. dem Kloster einen Stiftungsbrief aus,[2]) worin er sagt, die Fundamente der Kirche seien gelegt. Erst 1172 war soviel vollendet, dass Bischof Adelog eine erste Weihe vornehmen konnte.

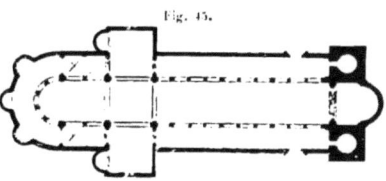

Fig. 45.

Grundriss der Kirche des heil. Godehard zu Hildesheim.

Der Ausbau der Abteikirche des heil. Michael war nach St. Bernwards Tod ins Stocken gerathen. Godehard hatte die dortigen Mönche strenger behandelt als sein Vorgänger. In Nieder-Altaich, Tegernsee, Hersfeld und Kremsmünster war durch ihn bessere Klosterzucht eingeführt worden. St. Michael lag ihm zu nahe bei der Stadt. Er meinte, Benediktiner könnten besser in der Waldeinsamkeit zu Holthausen ihre Regel befolgen, und versetzte sie dorthin. Diese Massregel erregte um so mehr Widerspruch, weil Bernward diese Benediktiner aus Köln berufen hatte, wo sie doch noch mehr in Mitte des Weltverkehrs gelebt hatten. Godehard musste zuletzt seinen Entschluss ändern und die Mönche nach St. Michael zurückkehren lassen. Durch jene Versetzung war natürlich die Bauthätigkeit ins Stocken gerathen. Die Mittel flossen überdies weit geringer, nachdem der Diöcesanbischof nicht mehr mit seinen reichen Einkünften nachhalf. Die Mönche thaten, was sie konnten, um ihr Gotteshaus fertig zu stellen, aber sie mussten sich nach der Decke strecken und sparen.

Die Untersuchung der Mauern von St. Michael stimmt zu diesen Verhältnissen. Während die unter Bernward ausgeführten Theile eine „höchst sorgfältige und gediegene Ausführung aus grossen Quadersteinstücken mit sehr fein schliessenden Fugen in gutem Verband" zeigen, sind dagegen über den Arkaden des Mittelschiffes die Mauern „in höchst roher Weise aus Bruchsteinmaterial ausgeführt."[3]) Am 29. September 1033 wird über eine neue Weihe, vielleicht im Ostchore,[4]) 1034 über einen Brand, 1035 über Einweihung der erneuerten Kirche gemeldet.

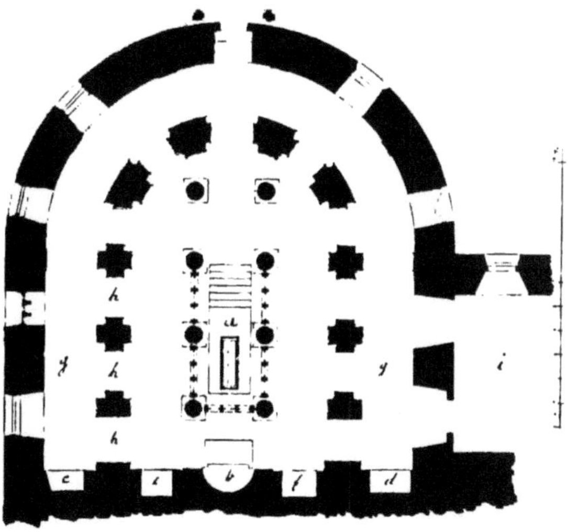

Fig. 46.

Grundriss der Krypta von St. Michael.

a Grab des heil. Bernward. b Marienaltar. c Bernwardsthür. d Godehardsthür. e Grabplatte des heil. Bernward. f Statue des heil. Bernward, welche auf seiner Grabplatte gelegen hatte. hhh Durchgänge, entstanden um 1186 durch Oeffnung der älteren Mauern. g Eingang. i Sakristei von 1171.

Die Heiligsprechung des heil. Godehard, der 1133 begonnene Bau der ihm gewidmeten Kirche und die Errichtung eines zweiten Benediktinerklosters dicht vor den damaligen Mauern Hildesheims eiferten naturgemäss die Bewohner von St. Michael an, auch für die

---

[1]) Dehio und v. Bezold, Die kirchliche Baukunst. Tafel 119.
[2]) Krätz III, 91 und 83.
[3]) Hase in den Baudenkmälern Niedersachsens I, 23.
[4]) Vita s. Godehardi prior c. 38. Mon. Germ. SS. XI, 195. Monasterium S. Michaelis (Godehardus ab co Adelberto abbate, nisi (ali)quibus turribus et minoribus capellis, laudabiliter consummatum incarnationis Domini 1033 anno … dedicavit.

Verehrung ihres Stifters alle Kräfte aufzubieten. Sie sammelten im Laufe des XII. Jahrhunderts Nachrichten über die bei dessen Grabe geschehenen Wunder.[1]

Fig. 48.

Im Jahre 1150 erlaubte ein Provinzial-Concil zu Erfurt, Bernward in St. Michael als Seligen zu verehren. Diese Erlaubniss führte wahrscheinlich zur Vergrösserung der Grabkapelle (Fig. 46, vor. Seite), in der Bernwards Gebeine seit seinem Tode ruhten. Die Mönche erweiterten das Westchor, indem sie die alte Apsis abbrachen, vor das westliche Querschiff ein Quadrat legten und dies mit einer neuen Apsis schlossen. Das Grab lag nun unter dem neuen Chorquadrat. Die neue Grabkapelle erhielt dann einen Umgang, wie ihn der Chor von St. Godehard besass. Am 29. September 1186 wurden diese neuen Theile eingeweiht. Wenig später gab man dem Mittelschiff seine prachtvollen Kapitäle. Auch das Ostchor wurde vielleicht verlängert. Dadurch erhielt die Kirche die Gestalt, welche der Grundriss Fig. 47 zeigt.

Fig. 47.

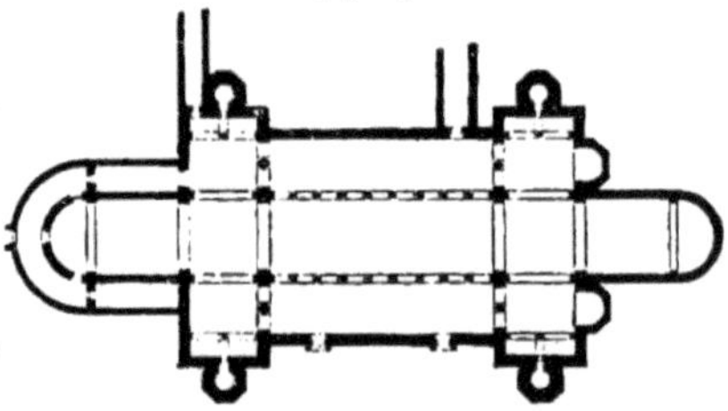

Im Jahre 1192 reiste Abt Theodorich von St. Michael nach Rom, um vom Papste die feierliche Heiligsprechung Bernwards und die Er-

Grundriss von St. Michael zu Hildesheim um das Jahr 1200.

laubniss der Erhebung der Gebeine desselben zu erlangen. Er legte zur Unterstützung seines Antrages die Biographie Thangmars vor. Der Papst nahm den Abt gnädig auf, gewährte seine Bitte, sprach Bernward am Sonntage vor Weihnachten 1192 heilig und liess die Kanonisationsbulle am 8. Januar 1193 ausstellen. Am 16. August 1194 wurden die Gebeine des ersten Heiligen aus dem Volke der Sachsen zu Hildesheim feierlich erhoben. Auf die ursprüngliche Grabplatte wurde im XIII. Jahrhundert eine andere gelegt, worauf Bernward, nach der Sitte der Zeit, im Tode ruhend dargestellt war. Sie ist jetzt in einer Nische der Krypta aufgestellt. Alle diese Aenderungen waren leicht auszuführen, weil die zu Rom vollzogene Heiligsprechung viele Pilger nach St. Michael zog und grosse Opfergaben brachte. Letztere ermöglichten auch, der Decke des Mittelschiffes jene herrlichen, bis auf uns gekommenen Malereien zu geben, deren Werth schon aus Fig. 48 erhellt.

Gemalte Holzdecke der Michaelskirche.

[1] Miracula s. Bernwardi, Mon. Germ. IV, 782 f.

Die Deckenmalereien von St. Michael haben nicht ihres Gleichen.¹) Sie enthalten den Stammbaum Jesse, der von Propheten und Engeln, den Symbolen der Evangelisten und den Paradiesesströmen umrahmt ist. Vielleicht sind sie von Ratmann ausgeführt. Diese Vermuthung stützt sich auf die laut ihrer Inschriften vom „Priester und Mönch" Ratmann um 1159 geschriebene und mit fünf Vollbildern sowie mit vierundzwanzig, theilweise figurirten Initialen ausgestattete Handschrift n. 37 des Domschatzes.²) Alle ihre Malereien kommen in Zeichnung und Farbengebung der Decke so nahe, dass, wenn nicht dieselbe Hand, wenigstens dieselbe Schule für beide Werke angenommen werden muss. Im Jahre 1400 hat der Bruder Hermann von Alfeld den alten Text entfernt und einen neuen geschrieben. Die Malereien liess er unberührt.

Fig. 49.

Wandmalereien des Domes zu Hildesheim.

Zwischen den Arbeiten des Ratmann und des Guntbald stehen die im letzten Viertel des XI. Jahrhunderts in der ehemaligen Vorhalle des Hildesheimer Domes ausgeführten Wandmalereien³) (vgl. Fig. 49 bis 51). Sie zeigen einen entschiedenen Fortschritt. Die von der antiken Kunst eingeschlagene, in karolingischer Zeit neubelebte

---

¹) Förster, Denkmale der Bildnerei und Malerei III. vgl. Baukunst II; Denkmäler der Kunst von Lübke und v. Lützow, 3. Aufl. Architektur Tafel 33 A und Malerei Tafel 8, Fig. 15; Krätz, Kurze historische Andeutung über die St. Michaelskirche und deren Deckengemälde, Berlin, Storch und Kramer 1856; Organ 1852 S. 115; 1853 S. 170; 1856 S. 246; Domblatt II n. 104; Reichensperger, Vermischte Schriften, Leipzig, Weigel 1856. S. 449 f. u. s. w.

²) Ein Bild ist veröffentlicht in der kleinen (zweiten) Ausgabe des Evangelienbuches des heil. Bernward. Tafel 3.

³) Sie sind in der „Zeitschrift für christliche Kunst" 1890 III, Sp. 301 von Heinemann publicirt und erklärt worden. Die Clichés zu den Figuren 49 bis 51 verdanke ich der Güte des Herausgebers jener Zeitschrift, des Herrn Domkapitular Schnütgen.

Bahn ist verlassen. Der freiere Geist des christlichen Mittelalters pulsirt schon in den Gestalten. Freilich sind sie in der oberen Reihe überlang, aber ihr reicher Faltenwurf birgt schon die schönsten Motive des Uebergangsstiles und der gothischen Zeit.

Wichtig ist sowohl in malerischer als in technischer Hinsicht der von Ratmann gezeichnete und in der oben (S. 20) besprochenen Ausschneidemanier ausgeführte Einband seiner Handschrift. In der Mitte ist aus einer Metallplatte das Bild Christi ausgehoben. Der Erlöser hält in der Rechten eine Scheibe, in der Linken ein offenes Buch. Er tritt auf einen Löwen und auf einen Drachen. Den Rand bildet reiches, ausgeschnittenes und gravirtes Laubwerk, zwischen dem acht Krystalle stehen. Unter vier derselben sind die Bilder der Evangelisten, unter die

Fig. 50.

Wandmalereien des Domes zu Hildesheim.

vier übrigen Reliquien gelegt. Der Einband des bernwardinischen Sakramentars hat jedenfalls als Vorbild gedient, ist aber in Folge der Vervollkommnung der Zeichnung und Technik hier natürlich bedeutend übertroffen.

Um das Jahr 1254 wurden die Seitenschiffmauern der Michaelskirche erneuert und verschönert. Dadurch erhielt das Aeussere eine etwas andere Gestalt. Vgl. Fig. 52, folg. Seite.

In Folge der Hildesheimer Reformationswirren verarmte St. Michael. Im Beginn dieses Jahrhunderts wurde in dem aufgehobenen Kloster eine Irrenanstalt eingerichtet, zu deren Besten man das nördliche Seitenschiff abgerissen hat. Die Kirche wurde vom Magistrat der Stadt der protestantischen Martini-Gemeinde übergeben und 1855 theilweise restaurirt.

Neben den drei romanischen, flachgedeckten Basiliken der Gottesmutter (Dom), des heil. Michael und des heil. Godehard besass Hildesheim eine vierte in der dem heil. Andreas gewidmeten Stadtkirche. Nur ihre Westfaçade ist erhalten, steht aber jetzt mitten in der neuen, im XIII. Jahrhundert umgebauten Kirche. Ihr Kapellenkranz vervollkommnet das in St. Godehard begonnene französische System im Sinne der Gothik. Ihr Mittelschiff blieb in Folge der schwachen Obermauern ohne Gewölbe, ihr Thurm wurde einfach vor den alten gestellt, dessen Unterbau man beibehielt (Fig. 53, folg. Seite).[1]

Fig. 51.

4. Wie die Baukunst nach Bernwards Tode weiterblühte, so erfreute sich auch das Kunsthandwerk eines frischen Lebens. Manche seiner Erzeugnisse sind bereits genannt bei Behandlung der Kirchen, für die sie entstanden. Die beiden Kanonisationen übten auch hier entscheidenden Einfluss. Veranlassten sie doch die Anfertigung dreier grossen Reliquienschreine. Der erste wäre nach Krâtz, Mithoff[2] und Anderen bereits unter Bischof Bernhard (1130—1153) bald nach Erhebung der Gebeine des heil. Godehard für dessen Reliquien angefertigt worden. Diese Datirung dürfte wenigstens um ein halbes Jahrhundert zu früh sein.

Der Schrein des heil. Godehard ist 1,22 m lang, 0,51 m breit und ca. 0,65 m hoch. Seine ursprüngliche Form hat er im Ganzen und Grossen bewahrt, seine Einzelheiten sind aber vielfach verändert worden. Im Jahre 1538 raubten Diebe viele seiner Verzierungen, 1767 wurde er „mit den auf dem Kapitelshause vorhandenen Zierrathen von Gold, Edelsteinen und Perlen wieder ausgebessert." Er hat die Anlage der herrlichen rheinischen Schreine. An jeder Langseite sitzen in je sechs Nischen Apostel, in der ersten Giebelseite thront Christus zwischen Maria und Johannes (dessen schönes Bild aber aus spätgothischer Zeit stammt), in der anderen steht Godehard zwischen einem BERNHARDVS EP(is)C(opus) und einem

Wandmalerei des Domes zu Hildesheim.

anderen Geistlichen. Krâtz erklärt diesen Bischof als Bernhard I., nach seiner Meinung der Stifter des Schreines, den anderen Geistlichen als den Dompropst Berthold. Indessen hat schon Helmering[3] dies Bild auf den heil. Bernward bezogen, dessen Name also hier in der um 1200 gebräuchlich gewordenen Form gegeben wäre. Krâtz wirft ein: Wie konnte Bernward an diesem Sarge schon als Heiliger dargestellt werden, da er erst im Jahre 1193 durch Papst Cölestin III. unter die Zahl der Heiligen ist versetzt worden! Er übersieht aber viererlei: erstens, dass bereits 1150 auf der Synode zu Erfurt erlaubt wurde, Bernward als Heiligen zu verehren;[4] zweitens, dass Ratmann ihm bereits 1159 in seinem Missale den Titel und den Nimbus eines Heiligen gab; drittens, dass seine Behauptung, der Schrein sei unter Bischof Bernhard begonnen oder gar vollendet worden, eine blosse (unbegründete) Annahme ist; viertens, dass auf anderen Schreinen dieser Zeit nie ein Bischof und ein Dompropst in solcher Art als Stifter hingestellt wurden.

Auf einer Langseite des Schreines sind die sechs Nischen durch flache Platten eingefasst, welche um einige Perlschnurornamente viele Edelsteine tragen. Auf der anderen Seite stehen zwischen und neben den sechs Nischen sieben Säulen, welche Rundbogen tragen, die jene sechs Nischen umrahmen. Getriebene Ornamente und viele Edelsteine sind dann auch hier über den Grund und über die Bogen vertheilt. Im Ganzen hat der Schrein noch heute mehr als 400 edle Steine. Auf dem

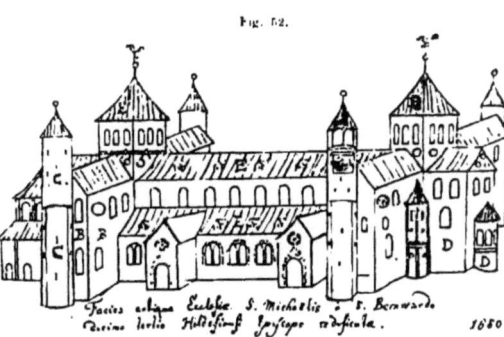

Fig. 52.

Skizze aus den Processakten wegen Demolirung der Michaelskirche im Reformationszeitalter. Vgl. Fig. 18.

---

[1] Mithoff, Kunstdenkmale III, 149 f., Tafel 3, 5 und 7.
[2] Krâtz II, 132 f. vgl. III, 79; Mithoff, Kunstdenkmale III, 110.
[3] Leben des heil. Godehard, Hildesheim 1767. Vgl. Beiträge zur Hildesheimer Geschichte II, 45.
[4] Lüntzel, Der heil. Bernward 76 f.

Dache jeder Langseite sind quadratische Schindeln nachgeahmt. Die Giebel und der First tragen schöne, ausgeschnittene und gravirte Ornamente, zwischen denen sich Krystallkugeln erheben. Diese ausgeschnittenen Verzierungen bilden den interessantesten Theil des Schreines. Die in ihnen auf den Giebelseiten unter Halbkreisen angebrachten Brustbilder von zwölf Engeln und zehn Pflanzengebilde auf dem First der Langseite sind echte und treffliche Erzeugnisse der Hildesheimer Kunst. Sie stehen den ausgeschnittenen Platten auf Ratmanns Missale sehr nach und führen die von Bernward geübte Technik des Opus interrasile auf die Höhe seiner Vollendung.

Den zweiten Schrein liess das Domkapitel für die Gebeine des heil. Epiphanius herstellen. Bischof Otwin hatte sie 962 aus Pavia nach Hildesheim gebracht, und sie waren dort hoch verehrt worden, bis die beiden neuen Hildesheimer Heiligen das Vertrauen des Volkes zu diesen alten Reliquien in den Schatten stellten. Darum und weil es überhaupt im XII. Jahrhundert in Deutschland Sitte wurde, die Körper angesehener Heiligen in Prachtschreinen auf oder hinter Altäre auszustellen, erhob das Kapitel die Gebeine des heil. Epiphanius aus seinem schlichten steinernen Sarg und legte sie in einen aus Eichenholz gezimmerten Schrein, den es mit vergoldeten Platten aus Silber und Kupfer bedeckte.[1])

Der Epiphaniusschrein ist 1,27 m lang, 0,49 m breit und 0,58 m hoch. Im ersten Giebelfelde steht der heil. Epiphanius zwischen zwei mit kurzen Mänteln bekleideten, Urnen tragenden Männern, den hh. Cosmas und Damian. Im zweiten Giebelfelde erscheinen die hh. Cantius, Cantianilla und Cantianus, deren Reliquien zu denen des heil. Epiphanius gelegt wurden und deren Namen wir bereits oben (S. 26) im Sakramentar des heil. Bernward fanden. Jede Langseite illustrirt eine Parabel in je elf Abtheilungen. In der Mitte der ersten ist das himmlische Jerusalem dargestellt durch eine gezinnte, mit drei Fensteröffnungen versehene Mauer, welche rechts und links an einen Thorthurm anstösst. Zur Rechten ist eine geöffnete Pforte, zur Linken eine geschlossene. Ueber der Mauer erscheint das Brustbild Christi. Der Herr erhebt die Rechte zum Segensgestus gegen die mit Heiligenscheinen versehenen fünf weisen, die Linke abwehrend gegen die thörichten Jungfrauen. In die Mitte der zweiten Langseite stellte der Goldschmied das Aeussere einer reich verzierten Apsis, zu ihrer Rechten und Linken je ein Thor und in jedes Thor eine Figur Christi. Weiterhin folgen auf jeder Seite je drei Knechte und ein Thorthurm. Der erste der zur Linken stehenden Knechte trägt fünf, der zweite zwei, der dritte ein Goldstück. Zur Rechten hat der erste zehn, der zweite vier Goldstücke; der dritte zeigt hin zur Erde, worin er sein Talent vergrub. Vier Inschriften sagen:

Fig. 53.

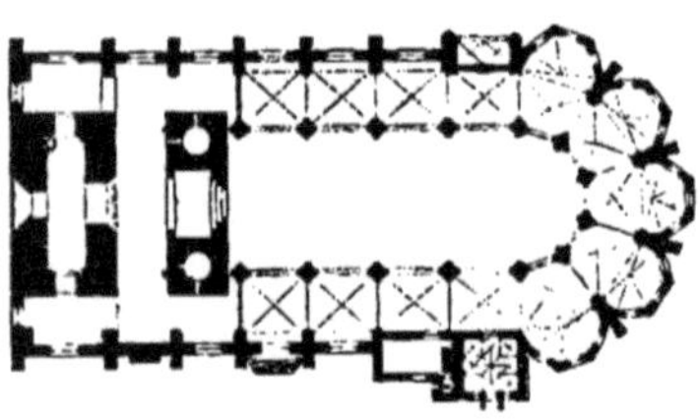

Grundriss der Andreaskirche zu Hildesheim.

Quaru(m) . lucet . opus . prudentes . quinque . venite .
Que . laudes . hominum . vanas . quesistis . abite .
His . tradit . D(omi)n(us) . mu(m) . duo . quinq(ne) . talenta .
Hi . geminata . ferent . Piger . amittit . quod . habebat.

Die Dächer jeder Langseite bestehen aus je sieben Platten, deren Musterung abwechselnd halbrunde und trapezförmige Schindeln nachahmt. Der einfache Kamm trägt zwei grössere und dreizehn kleinere Krystallkugeln nebst zwei blumenartigen Ornamenten.

Die Datirung dieses Schreines bietet besondere Schwierigkeiten. Er ist einfacher als der Godehardschrein und scheint anfangs älter. Die Schreine verhalten sich zu einander wie die beiden Domsiegel aus der zweiten Hälfte des XIII. Jahrhunderts.[2]) Das um 1250 gebrauchte ist weit reicher, als das um 1300 geschnittene und alterthümlicher gehaltene. Genaueres Studium lässt aber hier wie dort erkennen, dass das einfachere Werk sorgsamer behandelt und ausgeführt ist, dass es stilistisch und technisch einen Fortschritt bekundet. So wird man die Entstehung des Epiphaniusschreines wohl in die erste Hälfte des XIII. Jahrhunderts, aber nicht lange nach Vollendung des Godehardschreines setzen müssen.

5. Zwei bis drei Jahrzehnte nach dem Epiphaniusschrein wurde der prachtvolle Taufbrunnen des Domes gegossen (ca. 1250). Die Buchstaben seiner Inschrift sind sehr zierlich. Bereits auf dem Epiphaniusschrein finden wir runde und eckige E (wie sie schon der heil. Bernward anwandte), runde und eckige M, ein A, dessen erster Strich gekrümmt ist, und oben geschwänzte D. Aber erst beim Taufbrunnen erhalten N, H, T, V die reicheren romanischen Formen. Es ist hier nicht der Ort, auf seine tiefsinnige Ikonographie näher einzugehen;[3]) es genügt, ihn genannt zu haben als ein Werk, das in seiner Periode

---

[1]) Krätz II, 21 f.; Mithoff, Kunstdenkmale III, 109.
[2]) Gute Exemplare auf der Beverinischen Bibliothek zu Hildesheim. Abbildungen bei Krätz II, Tafel 1 n. 2 und 3; vgl. S. 24.
[3]) Vgl. Zeitschrift für christliche Kunst 1890, Sp. 385 f. und die dort angeführte Literatur. Die reiche Buch-

ebenso einen Höhepunkt der Gusstechnik bezeichnet, wie St. Bernwards Thüre und Säule drei Jahrhunderte vorher gethan hatten. Jetzt vereinte der Dom von Hildesheim diese drei hervorragendsten Werke, welche während des hohen Mittelalters in Deutschland aus Erz hergestellt wurden. Zu ihnen kommen nun noch die zwei schönen Leuchter aus Bronze. Auf dem Fusse eines jeden sitzen drei Gestalten, die sehr den vier den Taufbrunnen tragenden gleichen.[1]) Dazu treten die drei prachtvollen Scheibenkreuze, die nicht ihres Gleichen haben.[2]) Weiterhin finden sich in der Sakristei des Domes zwei kleinere romanische Kreuze,[3]) im Kreuzgange aber viele kostbare gravirte Grabplatten. Man sieht, Bernwards Sorge um Pflege der Kunst des Giessens hat reiche Früchte getragen. Gleiches gilt von seinen Goldschmiedearbeiten.

6. Am nächsten steht den unter Bernwards Augen entstandenen Werken aus edlem Metall das 0,24 m hohe, 0,19 m breite Kreuz der Kreuzkirche zu Hildesheim. Es soll ein Geschenk ihres Gründers Hezilo (1054—1079) sein. Es ist wichtig, weil auf ihm alle die Kunstgriffe, womit der heil. Bernward sein Prachtkreuz verzierte, festgehalten sind. Doch hat der Meister sie durch neue vermehrt. Edelsteine und kleine Flächen, worauf erstere gestellt wurden, ruhen auch hier frei auf Filigranbogen. Dazu kommen getriebene goldene Blümchen und gleich Früchten auf Stielchen ruhende Metallkügelchen. Die Rückseite hat eine Platte, in der reiche Ornamente ausgeschnitten und gravirt sind.

Fig. 54.

Unserer lieben Frauen Heiligthum.
(Vgl. Seite 1 f.)

Das grössere Kreuz der Kreuzkirche hat 0,405 m Höhe bei 0,32 m Breite. Es ist reichlich hundert Jahre jünger und nach der Ueberlieferung ein Geschenk Heinrichs des Löwen. Die alte Filigrantechnik mit allen ihren Reizen und die frei auf Filigranverzierungen gestellten Steine begegnen uns hier nur mehr in den fünf Quadraten der Ecke und Mitte, sowie in den Rändern der Kreuzesarme. Der Kern dieser Kreuzesarme ist getrieben. Auf der getriebenen Rückseite finden wir in den Brustbildern der fünf Quadrate Christus und vier Engel. Diese Engel aber gleichen, wie oben (S. 9) bemerkt wurde, sehr zweien Evangelisten-Symbolen auf dem Einbande des kostbaren Evangelienbuches des heil. Bernward. Reihen fast kugelförmiger, jedoch flacher Vertiefungen füllen den Kern der Kreuzesarme und erinnern den Kenner an den Schrein des heil. Servatius zu Maestricht und an andere Arbeiten der Maasgegend. So steht das Kreuz in der Grundform, in seinem Filigran und in der Edelsteinfassung noch auf dem Boden der bernwardinischen Kunst; in seinen getriebenen Theilen schlägt es neue Wege ein.

Eine Uebergangsperiode bezeichnet auch das eigenthümliche Reliquiar der Kreuzkirche. Es ahmt die Form des Heiligthums (Fig. 54) nach, an welches sich die Erzählung von der Gründung des Bisthums durch Ludwig d. Fr. knüpft. Wie jenes alte Kleinod, hat

---

stabenform findet sich auch in dem um 1300 entstandenen dritten Domsiegel, noch nicht in dem zweiten, das Krätz ins Jahr 1250 setzt.

[1]) Führer n. 22.
[2]) Führer n. 27; Revue de l'art chrétien XXVII. 5 s.
[3]) Führer n. 12 und 17; Krätz II, 177; Mithoff, Kunstdenkmale III. 132.

es die Form einer etwas platt gedrückten Halbkugel. Wie bei jenem liest man auf seiner unteren Fläche die Inschrift: Corpora sanctorum in pace sepulta sunt. Es ist 0,08 m breit, 0,185 m lang und 0,105 m hoch. Die vordere Seite zeigt die getriebenen Bilder des Gekreuzigten, der Gottesmutter, des Vorläufers, Johannes d. Ev. und eines Bischofs (Bernward?). Auf der Rückseite sind zwischen reichem Laubwerk die Gestalten der thronenden Gottesmutter, einer Jungfrau und der Apostelfürsten ausgeschnitten. Stilistisch kommt diese Rückseite dem Deckel von Ratmanns Missale sehr nahe. Zwischen den abgeplatteten Seiten trägt die Wölbung der Kugel in drei Bändern zwischen reichem Filigran Edelsteine. Die Arbeit ist derjenigen des Kelches von St. Godehard enge verwandt, welcher nur wenig jünger sein kann, als der Taufbrunnen des Domes. Die gewöhnliche Angabe, er sei ein Geschenk des Bischofs Bernhard I. (1130—1153), greift ungefähr um ein Jahrhundert zu weit zurück. Mithoff[1]) nimmt sie als richtig an, sagt aber, die Umschriften der getriebenen Medaillons am Fuss und an der Kuppe seien „in gothischer Majuskel". In Wirklichkeit haben wir hier das reiche romanische Alphabet, welches beim Taufbrunnen Verwendung fand, also um 1250 zu Hildesheim gebraucht wurde. Ueberdies kann das so reich entwickelte Filigran, welches den Rand der Kuppe und der Patene umsäumt, doch nicht im XII. Jahrhundert entstanden sein. Man muss selbst am Rhein bis ins Jahr 1220 gehen, um an den prachtvollen Firstknäufen des Aachener Marienschreins etwas Aehnliches bewundern zu können.

Fig. 55.

Der Bischofstab des heil. Bernward.

Für den heil. Bernward wurde erst 1398 durch den Goldschmied Heinrich Galle ein Schrein in Angriff genommen. Um 1435 ward er durch einen zweiten Galle (Sohn?) vollendet. Bereits 1546 liessen der protestantisch gewordene Rath und der Bürgermeister ihn wegnehmen und einschmelzen. Jetzt umschliesst ein neuer von Wilhelm Raumer um 1750 zu Augsburg verfertigter silberner Schrein die Gebeine des grossen Bischofs. Er befindet sich in der Magdalenenkirche zu Hildesheim bei des heil. Bernward Kreuz und bei seinen Leuchtern.

Seit dem Ende des XIII. Jahrhunderts wurde es immer mehr Sitte, das Haupt und einen Arm von dem Körper der Heiligen zu trennen und in eigene Reliquiare zu fassen. Der Dom hatte bereits bei der Erhebung des heil. Bernward (1194) dessen Haupt und dessen rechten Arm erhalten. Ersteres befand sich schon 1359 in einem silbernen Brustbilde. Es trug eine Krone, statt deren es im XVII. Jahrhundert eine Mitra erhielt. Das alte Armreliquiar wurde 1717 durch ein neues ersetzt.[3]) Bernwards sehr einfacher elfenbeinerner Bischofsstab (Fig. 55) zerbrach gegen Ende des XV. Jahrhunderts und erhielt darum 1492 durch den Goldschmied Wilhelm Salzenhusen eine prachtvolle silberne Einfassung.[4]) Von demselben Meister stammt auch wohl das herrliche, 1480 gravirte Hildesheimer Domsiegel,[5]) neben jenem Stabe eines der besten Erzeugnisse aus der Blüthe der Goldschmiedekunst am Ende des XV. Jahrhunderts.

Für des heil. Godehard Haupt wurde bereits 1288 eine Büste angefertigt.[6]) Sie wurde 1658 erneuert und ging 1803 bei der Aufhebung des Klosters des heil. Godehard zu Grunde.

---

[1]) Kunstdenkmale III, 146; vgl. Didron, Annales XIX, 149 s., wo für den Kelch „frühestens das Ende des XIII. Jahrhunderts" als Entstehungszeit angenommen wird. Das ist doch zu spät!
[2]) Krâtz III, 44 f., vgl. II, 121, Anm. 105; Lüntzel, Der heil. Bernward 47 Anm. 1, und 58.
[3]) Krâtz II, 153 f. und 157 f.; Führer n. 10 und 55 a.
[4]) Krâtz II, 85 f.; Führer n. 8 und 81.
[5]) Zeitschrift für christliche Kunst 1890, Sp. 268 Tafel 12 n. 9; Krâtz II, 24.
[6]) Krâtz II, 143 Anm. 13.

Ausser den drei erwähnten Schreinen besass Hildesheim im Michaelskloster einen Schrein mit Reliquien der elftausend Jungfrauen. Er ging im Jahre 1536 unter.[1])

7. Hildesheim ist auch reich an guten Emailsachen. Ein mit Grubenemail verziertes Reliquiar des Domschatzes aus der Zeit um 1200 ist an allen Rändern mit kugelförmigen Knöpfen besetzt und hat sehr rohe Emailbilder.[2]) Ein zweites, etwas älteres und besser gearbeitetes Reliquiar trägt auf seinen Seitenflächen die Bilder der Apostel. Sein Walmdach zeigt acht Brustbilder von heil. Frauen oder Engeln und endet in einen grossen halbkreisförmigen Krystall.[3]) Neumann sieht das erstere als Arbeit der rheinischen Schule an, das andere als Erzeugniss der Maasgegend. Dagegen ist zu bemerken, dass die Engel auf jenem zweiten Kästchen die Flügel eng an den Nimbus legen. Gleiches thun sie auf einem aus Braunschweig herrührenden Reliquiar, das derselben Werkstätte entstammt, wie das an erster Stelle genannte des Hildesheimer Domes. Freilich kommt diese Lage der Flügel auch am Rhein und in Süddeutschland vor, aber nirgendwo häufiger als in Hildesheim. Theophilus beschreibt die Herstellung des Emails so eingehend und als etwas gewöhnliches, dass jedenfalls auch die sächsischen Goldschmiede sich früh in dieser Kunst versucht haben. Jene kugelförmigen Knöpfe haben sich in Norddeutschland bis ins XV. Jahrhundert erhalten als Verzierung der Ränder bei Holzfiguren.[4]) Spätere und kunstreichere Emailarbeiten finden wir in sechs schönen, aus der bischöflichen Kapelle stammenden Emailplatten des XIII. Jahrhunderts[5]) und am grossen Kreuz der Godehardikirche.

Jedenfalls zeigt schon unsere kurze Aufzählung mittelalterlicher Kunstschätze der alten Bischofsstadt, dass Bernwards Geist und Beispiel nicht unwirksam blieb. Freilich waren während der romanischen Epoche fast alle bischöflichen Städte des Mittelalters Kunstcentren für ihre Diözesen, aber Hildesheim scheint doch bis tief ins XIII. Jahrhundert die Kunst eifriger gepflegt zu haben, als andere bedeutendere, durch Handel und Reichthum mehr bevorzugte Orte. Ist dies richtig, dann verdient der heil. Bernward unsern Dank für diese Thatsache.

Schluss.

In vielen wissenschaftlichen Werken, in zahlreichen populären Büchern wird das X. Jahrhundert dargestellt als das dunkelste der christlichen Geschichte. Bei seinem Ausgange soll alle Thatkraft der deutschen Nation gelähmt gewesen sein durch einen finsteren Aberglauben, welcher das Ende der Welt erwartet habe nach Ablauf des Jahres 1000. Dann wird geschildert, wie die Leute auflebten, nachdem sie das Jahr 1001 glücklich überstanden hätten, wie sie sich zum Ersatz gleichsam für ein neues Jahrtausend behaglich einrichteten.

Wäre das Alles wahr, dann müsste das Jahr 1000 oder das folgende Jahr einen Wendepunkt bezeichnen in Bernwards Leben. Vor dem Zeitpunkte, in dem die Ankunft Christi erwartet wurde, müsste er dann allen Plänen für die ferne Zukunft entsagt, alle seine Sorge nur zur Vorbereitung auf das Gericht verwendet haben. Erst nachher könnte

---

[1]) Krätz II, 121 Anm. 105.
[2]) Führer n. 21. Aehnliche Arbeiten aufgezählt bei Neumann, Der Reliquienschatz des Hauses Braunschweig-Lüneburg 209 f.
[3]) Führer n. 20. Ein ähnlicher Tragaltar bei Neumann 149 f.
[4]) Münzenberger, Zur Kenntniss und Würdigung der mittelalterlichen Altäre Deutschlands I, 110, 184 u. s. w.
[5]) Führer n. 30.

frischer Muth, freudige Hoffnung ihn belebt haben. Wie er, müssten die übrigen deutschen Bischöfe, müssten Kaiser Otto III. und Theophanu, müssten alle jene gefürchtet und gehandelt haben, welche den Antichrist nahen sahen und mit ihm das Ende.

Was finden wir in Wirklichkeit? In allen Urkunden der deutschen Kaiser und Fürsten, Bischöfe und Aebte, in allen deutschen Chroniken des X. und XI. Jahrhunderts keine entscheidende Stelle, welche sich auf den Weltuntergang bezieht.[1]) Thangmar redet vom Jahre 999, vom Jahre 1000 oder 1001 wie von allen anderen, ohne irgend eine Andeutung, dass man irgend etwas Besonderes erwartete. Für den 14. September des Jahres 1000 war eine Weihe in Gandersheim angesagt. Bernward fand sich ein am bestimmten Tage; Willigis verlegte sie auf den 21. September und sagte ein Sendgericht an für den 28. November. Am 2. November begiebt Bernward sich auf die Reise nach Italien, am 4. Januar 1001 trifft er in Rom ein, um eine Entscheidung des Papstes im Gandersheimer Streite zu erlangen. Konnten Willigis und Bernward so handeln, wenn sie an den nahen Weltuntergang glaubten? Wozu über einen Gegenstand streiten, warum eine Kirche weihen, warum einen Process führen, wenn in ein paar Monaten Alles doch zu Grunde gehen soll?

Wie sind die Pläne Ottos III. möglich, wenn er für das Jahr 1000 ein Alles bedrohendes Ereigniss erwartete? Warum beruft er, um ein verhältnissmässig unbedeutendes, aber kunstgeschichtliches Ereigniss zu erwähnen, gegen das Jahr 1000 den Maler Johannes nach Aachen, um die Pfalzkapelle auszumalen?

Wozu hätte Bernward kurz vor dem genannten Jahre dem edlen Altmann helfen sollen, zwei Klöster zu errichten, eines für Mönche in Oelsburg, ein zweites für Nonnen in Stederberg, wo Frederun, des Stifters Tochter, Aebtissin wurde? Wäre die regsame Kunstthätigkeit des Bischofs Egbert von Trier vernünftig gewesen, wenn er geglaubt hätte, dass nach einem oder zwei Jahrzehnten alle seine kostbaren Werke dem Untergange geweiht seien?

Und ist nicht allerorts in der zweiten Hälfte des X. Jahrhunderts die lebhafteste Bauthätigkeit zu finden an Domen, die für Jahrhunderte bestimmt waren, die so fest gegründet sind, dass sie heute noch unentwegt zum Himmel ragen, noch lange Stand halten können? Unmittelbar vor dem Jahre 1000 baute man an den Kathedralen von Mainz, Speier, Gran, an vielen anderen Kirchen und Klöstern. Die schöne Kirche von Petershausen ward z. B. 983 begonnen und dann ausgemalt; die Malereien von Oberzell, sowie die Glasgemälde von Tegernsee sind aus der gleichen Zeit. Nicht weniger als 112 Kirchen und Klöster wurden in Frankreich während der zweiten Hälfte des X. Jahrhrunderts ganz neu erbaut oder in besseren Stand gesetzt.

Mögen in Paris und in Lothringen hie und da Prediger für das Jahr 1000 die Ankunft des Antichrist und das kommende Weltende verkündet haben: dem XVIII. und XIX. Jahrhundert blieb es vorbehalten, die Angst ungebildeter Leute, den Schrecken besser Gestellter mit breiten Farben ausmalen. Jede grosse Kirche, die um jene Zeit heranwuchs und deren Bau und Ausstattung gefördert wurden, ist ein Zeuge, welcher in monumentaler Art gegen den Schreiber sich erhebt und seinen Bericht über die lähmende Angst widerlegt. Wenn die Zeugnisse hüben und drüben gezählt werden, wenn man sie wägt, indem man bedenkt und in Rechnung zieht, dass ein Schriftstück nur die Auctorität eines Mannes hat, ein Bauwerk aber die einer ganzen Gegend, oder wenigstens die eines ganzen Domkapitels und eines ganzen Klosters, so kann kein Zweifel herrschen, wo die Wahrheit liegt.

Die Sage von der allgemeinen Furcht, welche vor und in dem Jahre 1000 alle Thätigkeit ins Stocken gebracht habe, ist ein Schlussbild, das herrlich passt zum Gerede von der Dunkelheit des X. Jahrhunderts und das einen phantastischen Grenzstein bildet zwischen der Nacht der klerikalen Ottonen und der hohen Kunst und Kultur, die dem elften Jahrhundert nicht abgesprochen werden kann. War denn das X. Jahrhundert in

---

[1]) Vgl. eine eingehende Darlegung in den Stimmen aus Maria-Laach XLVIII, S. 469.

unserem Vaterlande so dunkel? Da herrscht die Finsterniss nicht, wo viele hellstrahlende Lichter hoch auf dem Leuchter stehen. Solche Lichter waren vor Bernward die heil. Bischöfe Bruno von Köln († 965), Ulrich zu Augsburg († 973), Pilgrim von Passau († 991) und Wolfgang von Regensburg († 994), denen Egbert von Trier († 993), Reginald von Eichstädt († 989) und Adaldag von Bremen († 988) zur Seite standen. Neben Bernward wirkten Meinwerk von Paderborn († 1036) und der grosse Willigis von Mainz († 1011), den Bernward hoch achtete, wenn er auch in einer Frage mit ihm in Streit gerieth. Glanzvoll stehen auch Deutschlands Fürsten da. Wenn auch der zweite und dritte Otto frühzeitig hinstarben und unerreichbaren Idealen nachjagten: sie haben Grosses gesucht und erstrebt. Neben ihnen sehen wir, um das Bild eines unserer alten Epen zu brauchen, dem silbernen Monde vergleichbar, die Gattin Heinrichs I., Mathilde († 976), Ottos I. Gemahlin Adelheid († 999), ihre Schwiegertochter Theophanu, ihre Enkelin, die Aebtissin Adelheid von Quedlinburg († 1044), und Heinrichs II. Gemahlin Kunigunde. Godehard, Bernwards Nachfolger, wirkte erfolgreich als Reformator des Benediktinerordens; überall entstanden bereits vor dem Jahre 1000 neue Klöster, in denen ein frischer, guter Geist wehte.

Fig. 56

Das Denkmal des heil. Bernward zu Hildesheim.

Nein, finster war es nicht in Deutschland, weder in Bernwards Jugend, noch in den Tagen seines Mannesalters. Je mehr man die Quellen befragt, desto anziehender wird die Zeit der Ottonen und des ebenso frommen als kräftigen Heinrich II. Bernwards Kunst ist eine der Blüthen, die damals in Deutschland erwuchsen, aber weder eine solche, die unvermittelt, wie aus fernen Landen eingeführt, plötzlich ihre Farbenpracht entfaltet, noch eine, die einsam ihren Wohlgeruch verbreitet, abstirbt und keine Nachfolger hinterlässt. Aus Hildesheims Domwerkstätten ging Bernwards Kunst hervor, in ihnen lebte sie weiter. Und wie Hildesheim seine Kunsthandwerker besass, so wirkten strebsame Meister fast in allen grossen Abteien, fast bei jeder bedeutenden Kathedrale jener Zeit.

Bernwards Kunst hielt sich frei von starkem byzantinischen Einfluss. Abgesehen von einigen durch Handelsleute oder Geschenkgeber nach Hildesheim gekommenen Elfenbeinreliefs und Emailplättchen, bleibt sie deutsch, ja sächsisch im besten Sinne des Wortes. Mag man streiten, ob und wie viel byzantinische Künstler durch Theophanu Einfluss gewonnen in St. Pantaleon zu Köln, in Trier bei Egberts Goldschmieden, bei den Miniatoren der Reichenau u. s. w., auf Hildesheim haben sicher ausländische Fertigkeiten keine entscheidende Wirkung geübt. Bernward sah und prüfte. Aber wie seine Christussäule ganz und voll ein deutsches Werk des XI. Jahrhunderts bleibt, selbst wenn die Trajanssäule zu Rom ihr als Vorbild diente, so ist es mit den anderen Schöpfungen.

* *

Fassen wir Alles zusammen, so dürfen wir wohl sagen:

Ein Mann wie Bernward, der einen solchen Biographen wie Thangmar findet, der seine Erziehung und Bildung nicht im Auslande genossen hat, der auf heimischem Boden aufwuchs und gross wurde, der das, was er in fremden Ländern und von anderen Völkern sah, in seine Heimath übertrug und als lebensfähiges und fruchtbares Samenkorn niederlegte, der hat nicht am Ende eines dunkeln Jahrhunderts gelebt, sondern ist in seiner Persönlichkeit wie in seiner Kunst eine Blüthe, die sich organisch entfaltet hat, und die für den Kulturzustand seines Volkes und seiner Gegend vollwichtiges Zeugniss ablegt.

Bernward zeigt, dass das alte Sachsenland um das Jahr 1000 die Lehren, die Sitten und die Kunst des Christenthums lebendig in sich aufgenommen hatte, sie frisch und fröhlich weiter entwickelte, und zwar mit viel zu viel deutscher Lebenskraft, um der Byzantiner zu bedürfen.

Am 28. September 1893 ist auf dem Domhofe zu Hildesheim ein grosses Denkmal (Fig. 56, vor. Seite) errichtet worden zu seiner Ehre. Da steht er nun im Bilde mitten im modernen Leben und Treiben der Stadt „als geistiger und geistlicher Vater seines Sprengels, als Begründer der Wohlfahrt seines Volkes, als zweiter Erbauer und Civilisator Hildesheims, als Altmeister niedersächsischer Kunst".[1]

Möchte das Denkmal Viele erinnern an den grossen Mann und zu seiner Nachahmung anregen!

---

[1] So lautete die Aufgabe, welche das Comite für die Bildung der Figur angab. Vgl. Bertram, Das Bernward-Denkmal 13.

Fig. 57.

Erster Entwurf zum Denkmal des heil. Bernward.

Alphabetisches Inhaltsverzeichniss.

Die Ziffern bedeuten die Seiten des Buches.

Aachen, Pfalz 6, 7, 37; Pfalzkapelle 33, 36; Ausmalung des Domes 8; Domschatz 7, 21, 30.
Adam und Eva 38, 39, 40 f.
Adelheid, Gemahlin Ottos I., 12, 71; Aebtissin von Quedlinburg, 12, 71.
Adelog, Bischof von Hildesheim, 61.
Altartafeln 3, 9 f., 21.
Altfried, Bischof von Hildesheim, 2, 34.
Altmann, Graf von Oelsburg, 5.
Apostel 10, 32, 47, 65.
Athelbero, Grossvater des heil. Bernward, 4, 5.
Attendorf, Kreuz, 21.
Ausschneidearbeit in Metall vgl. Interrasile.
Azelin, Bischof von Hildesheim, 57, 58, 59.

Bamberg 30, 32, 37; Aleuinsbibel 41 f.
Bäume 49.
Bennakreuz zu Mainz 8.
Benno, Bischof von Meissen, 3, 5, 55;
Benno, Bischof von Oldenburg, 53.
Bernhard, Bischof von Hildesheim, 60, 65.
Bischofsstäbe 35 f., 38 f., 58.
Boëthius 13, 23.
Braunschweig 17 Anm. 1.
Bremen, Evangelienbuch 8.
Bruno, Erzbischof von Köln, 7, 71.
Buchdeckel 7, 9 f., 19 f., 23 f., 64.
Buchstabenformen 2, 16, 20, 57, 66.
Burtscheid 11.
Byzantinische Kunst 6, 11 f., 19, 20, 46, 50 f., 72.

Centulum, Schatzverzeichniss 9, 74.
Chilperich 51.
Christusbilder 18, 19, 21, 64, 66; vgl. Krenz.
Christussäule 65 f.
Corvey 51.

Deckenmalerei 62 f.
Deventer 4.

Ebo, Bischof von Hildesheim, 2.
Echternach 8; vgl. Gotha.
Eckehard, Bischof von Schleswig, 3, 54.
Edelsteine, Fassung, 9, 15, 21, 58, 67; vgl. Onyx, Porphyr.
Egbert, Erzbischof von Trier, 8, 22, 23, 30, 70 f.
Egmont, Abtei, 7.
Elfenbein 9 f., 19, 20.
Elten 6.
Elze 1.

Email. Zellenemail 11, 22 f.; Grubenemail 17, 19, 69; Maleremail 20.
Emmerich 6, 9.
Engel 41, 43, 44, 54, 66, 67, 69.
Epiphanius 66.
Erkanbald, Erzbischof von Mainz, 5.
Erzguss vgl. Gussarbeiten.
Essen, Stiftskirche 2 f., 33; Schatz 21, 60; Leuchter 52.
Evangelienbücher 7, 8, 23 ff.
Evangelisten und ihre Symbole 10, 17 f., 19, 24 f., 39, 56, 57, 67.

Festungsbauten 30.
Filigran 2 Anm. 1, 15, 16, 19, 21 f., 67.
Fontanelle, Schatz, 9.
Fritzlar, Kreuz, 21.

Gandersheim 2, 34 f.
Gerbert, Sylvester II., 12, 35.
Gerdag, Bischof von Hildesheim, 13.
Glocken 9 f., 46, 52, 57, 58, 71.
Godehard, Bischof von Hildesheim, 40, 58, 60 f., 65, 71.
Goslar 52.
Gotha, Evangelienbuch aus Echternach, 8, 23.
Grabdenkmäler 53 f., 62, 66.
Gussarbeiten 9 f., 23, 34 ff., 50 f., 66.

Halberstadt 10 Anm. 5, 32.
Handschriften 3, 6, 9 f., 12, 14, 23 ff., 63; vgl. Evangelienbücher, Miniaturen, Sacramentare.
Hannover, Museum, 19 Anm. 1, 39; Archiv 52 Anm. 7.
Heiningen, Kreuz, 16.
Heinrich II., Kaiser, 3, 10, 12, 36 f., 53, 71.
Hersfeld 17.
Hezilo, Bischof von Hildesheim, 59, 67.
Hildesheim. Kirchen: St. Andreas 65; St. Godehard 17, 21, 32, 60 f.; Krenzkapelle 34, 35; Krenzkirche 19, 67; St. Maria (Dom) 1, 2, 12, 17, 22 Anm. 1 und 3, 50, 58 f.; St. Michael 12, 22, 31 f., 37, 40, 50, 53, 64 f.; Stadt, Gründung 1 f.; Befestigung 30 f.; Werkstätte des Domes 2, 4, 57; Beverinische Bibliothek 25, 28 f.
Hildewardshausen 1.
Holthausen 61.

Interrasile opus 20, 64, 66.
Johannes, Erzieher Ottos II., 5; Maler 8.
Irische Kunst 6.

Irmensäule 45.
Judith, Aebtissin von Ringelheim, 5.

Kain und Abel 42 f.
Kana, Wasserkrüge, 12; vgl. 17.
Kanonisationen 60, 62.
Kardinaltugenden 18.
Karl d. Gr. 1, 9, 36, 45, 51.
Kelche 9 f., 17, 53, 55.
Köln 27; St. Pantaleon 7, 11, 22 Anm. 2, 61.
Kremsmünster, Leuchter, 38.
Kreuze 7, 8 ff., 11 f., 21, 39, 44, 66, 69, 74. Krenzaltäre 3, 34; vgl. Hildesheim, Krenzkirche.
Krone vgl. Votivkrone.
Kronleuchter vgl. Radleuchter.
Krypta 32, 34, 62.
Krystalle 9 f., 18, 19, 54 f., 69.
Künstler: Beringerus, Erzgiesser, 36; St. Bernward vgl. das Inhaltsverzeichniss; Bruno, Maler, 58; Bernhard, Goldschmied 10; Eranbaldus 39; Erpho, Goldschmied, 10; Galle 68; Gumthald, Miniaturmaler, 24 f., 49, 57; Imervard 17 Anm. 1; Johannes, Maler, 8; Ratmann, Maler, 63, 65, 66; Salzenhusen 68.

Leuchter 7, 9 f., 21, 37, 55; vgl. Radleuchter.
Ludwig d. Fr. 1.
Luxenil, Schatz, 9.

Maestricht 67.
Magdeburg 3.
Mailand 16 Anm. 1.
Mainz, Dom, 4, 36, 70; vgl. Bennakrenz.
Malereien 58, 62 f.; vgl. Miniaturen, Wandmalereien, Künstler.
Marienbilder 19, 20, 43 f., 60.
Markward, Bischof von Hildesheim, 34.
Mathematik 12 f., 23.
Mathilde, Aebtissin von Quedlinburg, 7, 12, 71.
Meinwerk, Bischof von Paderborn, 3, 10, 18.
Merseburg 10.
Miniaturen 7, 24 ff., 41 f.
Mosaik 11, 31, 36.

Nymwegen 5, 6.

Offertoria, vgl. Patene.
Onyx 18.
Osdag, Bischof von Hildesheim, 35.
Osterleuchter 15.

Oswald-Reliquiar 22.
Othwin, Bischof von Hildesheim, 3, 19, 66.
Otto, Deutsche Könige und Kaiser: Otto I. 3, 6, 7, 11; Otto II. 5, 6, 11, 35, 74; Otto III. 5, 11 f., 35 f.. 70.

Paderborn, Abdinghof, 10.
Paradiesesflüsse 46.
Patenen 9 f., 17 f.
Personifikationen 25, 27, 38.
Porphyr 11, 74.
Prag 27.

Quedlinburg 6, 7, 12, 32; vgl. Adelheid, Mathilde.

Radleuchter 9 f., 12, 20, 59 f.
Rauchfässer, vgl. Weihrauchfässer.
Regensburg, St. Emmeram, 11, 26, 27, 30, 32.
Reichenau 7.
Reliquiare des Hildesheimer Domes 1. 68 f.; andere 6, 9 f., 14.
Reliquien in Christusbildern 8, 16, in Säulen 32.
Reliquienschreine 65, 68, 69.
Rheims 2, 60.
Ringelheim 5, 20.
Rom 12, 32, 35 f., 44, 46.

Rosenstock zu Hildesheim 1.
Rothegardis, Aebtissin zu Hildewartshausen, 5.

Sakramentare 26, 27.
St. Bertin, Schatz, 10.
St. Denys 16, 36.
St. Emmeram 26; vgl. Regensburg.
St. Gallen 30.
St. Maurice 36.
St. Mauriz 21.
St. Moritzberg 58.
St. Paul 41 f., Anm. 5, 62.
St. Trond, Schatz, 10.
St. Trudbert 20 Anm. 2, 21.
Säule des heil. Bernward und ihre Vorbilder 36 f.
Schatzverzeichnisse 8 f.
Schottische Gefässe 6.
Schulbildung 3, 5 f.; vgl. Mathematik.
Sehard, Bischof von Hildesheim, 3, 4, 35.
Seidenstoffe 11, 27, 55.
Siegel 14, 52 Anm. 7, 53, 66, 68.
Sophia von Gandersheim 12, 35.
Sylvester vgl. Gerbert.

Taube 10.
Telgte, Kreuz, 9, 21.
Thangmar 3, 4, 6, 13 f., 23, 30 f., 40, 56.

Theophanu, Kaiserin, 5 ff., 11 f., 35, 71.
Theophilus, Schedula, 20, 52.
Thiethard, Bischof von Hildesheim, 3, 4, 20, 35.
Thürflügel 36, 37, 39 f.
Tours 16, 36, 54.
Trier, Domschatz 8; St. Maximin 3, 8, 51; vgl. Egbert.

Utrecht 3, 5, 7.

Velletri, Kreuz. 21.
Venedig, Altarsäulen, 46 Anm. 2.
Vercelli 52.
Verona, St. Zeno, 44.
Volkmar, Bischof von Utrecht, 4, 5, 7.
Votivkronen 9 f., 21, 22, 68.

Wandmalereien 30, 63 f.
Weihrauchfässer 7, 9 f., 19, 55, 74.
Weihwassergefässe 7, 9 f., 19 Anm. 1.
Welfenschatz 17 f., 21.
Wicbert, Bischof von Hildesheim, 3, 35.
Wien 7.
Willibrord 6, 8.
Willigis, Erzbischof von Mainz, 4, 5, 35, 51, 71.
Wolfher 3.

Xanten 7, 27.

Nachträge.

Seite 7 Zeile 26 statt Ottos III. ältere Schwester lies: Ottos II. jüngere Schwester.

Zu Seite 7 Anm. 1 ist beizufügen ein Hinweis auf Hariulf, Chronique de l'abbaye de Saint-Riquier, Paris Picard 1894, wo pag. 299 aus Angilberts Verordnungen erhellt, dass in Centulum bei den Bittprocessionen 3 Weihwassergefässe, 3 Weihrauchfässer, 7 Kreuze und ein Reliquienschrein vorangingen. Jede Gemeinde der Umgegend brachte überdies ihre eigenen Kreuze mit. Eine Parallele zu dem S. 7 erzählten feierlichen Empfang in Quedlinburg bildet der Acta SS. 3. Octob. II p. 307 u. 27 s. geschilderten Jubel des Volkes bei der Ankunft von Reliquien im X. Jahrhundert in der Diözese Namur. Auch dort hoben Kreuze und Reliquiare die Festlichkeit.

Zu Seite 9 Anm. 4 ist aus Hariulf lib. III c. 3 l. c. pag. 87 auf ein späteres Schatzverzeichniss von Centulum hinzuweisen.

Zu Seite 18 Anm. 2 vgl. die Nachricht Acta SS. 3. Octob. II n. 75 s. pag. 318, wonach Abt Gerard († 959) aus Italien auf einem Saumthier lapides porphyreticos für den Hochaltar seiner Abtei Bronium in der Diözese Namur mitgebracht.

Zu Seite 53 vgl. Acta SS. 22. Sept. VI p. 499 n. 15, p. 500 n. 20, p. 505 n. 41 über Glocken in der Diözese Regensburg vor dem XI. Jahrhundert.

Tafel II.

Des heil. Bernward Kreuz zu Hennigen.

Tafel II.

Kleines silbernes Kreuz des heil. Bernward im Hildesheimer Domschatz.

Tafel IV.

Des heil. Bernward Stab.

Tafel V.

Titelbild der Bibel des heil. Bernward

Tafel VI.

Ziertitel zur Praefation in des heil. Bernward Sacramentar

Kanonbild in des heil. Bernward Sacramentar.

Tafel VIII.

Ziertitel in des heil. Bernward Sacramentar.

Tafel IX.

Die beiden Leuchter des heil. Bernward.

Tafel X.

Sechs Scenen von den Thüren des heil. Bernward.

Tafel XI.

Die Christussäule des heil. Bernward.